Christoph-Maria Liegener

Warum die Welt weiblich wird

Ein Psychogramm der Menschheit

Originalausgabe

EINBUCH Buch- und Literaturverlag Leipzig
www.einbuch-verlag.de

EINBUCH realEdition

copyright 2017 by **EINBUCH** Buch- und Literaturverlag Leipzig
printed in Germany
Umschlaggestaltung: Welle

ISBN 978-3-942849-55-5

www.einbuch-verlag.de

Meiner Frau

Inhalt	5
Vorwort	7
Einleitung	9
Was ist weiblich, was männlich?	13
Die Benachteiligung der Frau	19
Die Selbstzerstörung der Menschheit	23
Patientin Menschheit	33
Der Esau-Effekt	37
Die Befreiung von der Erbschuld	44
Die Demokratie	50
Die deutsche Parteienlandschaft	55
Wertewandel	59
Empathie, Emotionen, Mitmenschlichkeit	63
Das Scheitern des Kommunismus	70
Das Ende des Kalten Krieges	75
Religion	83
Schule und Beruf	87
Selektion	96
Romantische Liebe und Liebesheirat	102
Hahnenkämpfe	107
Toleranz, Sexualität und Kinderwunsch	112
Eine Kultur der beharrlichen verbalen Kritik	118
Risikoaversion und Bescheidenheit	129
Grenzen: Quantenmechanik und Gödel	133
Männliche Lügen haben kurze Beine	141

Handel	145
Moderne und Postmoderne	150
Die Zukunft	155
Schlusswort	163
Literaturverzeichnis	165

Vorwort

Die hier präsentierte These von der Transgenderisierung der Menschheit entstand aus der Fortführung meiner Gedanken zum Muttersohn. Auf den ersten Blick haben die beiden Themen nicht viel miteinander zu tun, bei genauerer Betrachtung aber schon. Im Unterschied zu meinen früheren Studien geht es hier nicht so sehr um Wissenschaft, sondern um ganz Alltägliches, um die Welt, in der wir leben. Insbesondere zeigt sich, dass die Gender-Problematik unserer Gesellschaft umfassende Auswirkungen auf unsere Zukunft haben wird. Das Buch soll demnach alle ansprechen, die sich für die Zukunft der Welt und die Rolle der Geschlechter in ihr interessieren.

Danken möchte ich vor allem meiner Familie, meiner Frau und meinen Söhnen, die ein Umfeld schufen, in dem diese Arbeit gedeihen konnte. Herrn Zschocher vom Einbuch-Verlag gebührt Dank für das Lektorat und die Ausstattung des Buches.

Dezember 2016   Dr. Dr. Christoph-Maria Liegener

Einleitung

Eine Fliege im Zimmer ist nicht nur lästig, sie kann einem den letzten Nerv rauben. Manchmal bleibt nichts anderes übrig, als sie zu jagen.

So ging es auch mir letzten Sommer. Die Hitze drückte und ich fand mich dabei wieder, hektisch einem dicken Brummer hinterherzujagen. Im Eifer des Gefechts muss ich das halbe Wohnzimmer zerlegt haben, ohne es zu merken. Das erregte den Unmut meiner Frau. In einem Versuch, mich zu verteidigen, stammelte ich etwas davon, dass dieses Jagdverhalten doch eigentlich nur menschlich sei; die Situation käme sogar so häufig vor, dass sie schon von großen Komikern wie Wilhelm Busch und Loriot thematisiert worden sei.

Der trockene Kommentar meiner Frau: „Alles Männer."

Da hatte sie wieder einmal Recht. Alle karikierten Fliegenjäger waren Männer. Das Verhalten konnte nicht als allgemein menschlich eingeordnet werden, sondern eben nur als männlich. Es handelte sich um Instinkte, die sich vor Urzeiten bei jagenden Männern entwickelt hatten, nicht bei den Frauen, die derweil in den Höhlen saßen. Nicht zum ersten Mal hatte meine Frau mit einer derartigen Bemerkung über Männer Recht. Immer wieder stellten sich meine größten Dummheiten als instinktgesteuert und typisch männlich heraus.

Es ist ja nicht so, dass Frauen nicht auch ihre liebenswerten Schrullen hätten, nur sind sie selten destruktiv. Schuhe zu kaufen hat noch niemandem geschadet, das männliche Imponiergehabe aber bedroht die Existenz der Menschheit.

Das wäre besorgniserregend, wenn es nicht auch eine gute Nachricht gäbe: Die Frauen sind auf dem Vormarsch. Mehr und mehr Schlüsselpositionen der Gesellschaft werden mit Frauen besetzt: die deutsche Bundeskanzlerin, die britische Premierministerin, die schottische Erste Ministerin, die Präsidentin der US-Notenbank, die Präsidentin des Internationalen Währungsfonds, um nur einige zu nennen. Die Liste ließe sich beliebig fortführen. Das wäre vor hundert Jahren undenkbar gewesen und ist Zeichen einer Veränderung, die sich fortsetzen wird.

Dass ein Wandel zu mehr Weiblichkeit stattgefunden hat und noch stattfindet, wurde schon öfter beobachtet (Funken, 2016, Rosin, 2012, Sadigh, 2015). Es stellt sich aber die Frage: Wie kommt es zu diesem Wandel und warum ist er gut für die Menschheit? Dieses Buch will Antworten darauf geben.

Die Begründung des Weiblich-Werdens der Menschheit führt in die Psychologie der Kollektive. Das Vorgehen, Kollektive psychologisch zu betrachten, geht auf C. G. Jung zurück (Jung, 2011). Ein ähnliches Programm wurde auch in der Intersubjektivitätsphilosophie verfolgt, wo betont wird, dass der einzelne Mensch nicht die Fähigkeit hat, die Entwicklung der Menschheit in eine vernünftige Richtung zu steuern, dass aber durch Kommunikation zwischen Menschen eine kommunikative Vernunft begründet werden kann, die zu optimal rationalem Handeln fähig ist (Habermas, 2011).

Wenn also der Ansatz der Psychologie der Kollektive auf die Entwicklungsgeschichte der Menschheit angewandt wird, so wird sich zunächst ergeben, dass das Kollektiv der gesamten Menschheit seit der Urzeit bis in die Gegenwart Züge eines Muttersohnes aufweist. Es handelt sich hierbei um die Übertragung eines Begriffs der Psychologie einzelner Personen auf die Psychologie eines Kollektivs. Es zeigt sich, dass das Überleben der Menschheit davon abhängen wird, dass der Muttersohn sich zur Muttertochter wandelt – eine Transgenderisierung der gesamten Menschheit: Die Menschheit muss weiblich werden.

Natürlich nicht die Individuen, sondern das Kollektiv. Was das genau bedeutet, wird zu klären sein. Mehr oder weniger sind alle Bereiche des täglichen Lebens davon betroffen.

Die Untersuchung wird ein Psychogramm der Menschheit in einer ihrer wichtigsten Entwicklungsphasen liefern. Außerdem wird sich ergeben, dass dieser Prozess vom Selbsterhaltungstrieb der Menschheit ausgelöst wurde. Die Natur hat ihn erzwungen, er hat schon begonnen und verlief bisher weitgehend unbewusst.

Meine Geschlechtsgenossen möchte ich bitten, das Ganze mit Selbstironie zu nehmen. So mache ich es jedenfalls. Ändern lässt es sich sowieso nicht.

Was ist weiblich, was männlich?

Vor 600 Millionen Jahren trat die Evolution mit der Ausbildung der Sexualität in eine neue Phase. Die Meiose wurde entwickelt, jener Zellteilungsmechanismus, bei dem der Chromosomenbestand beider Elternteile halbiert wurde, um anschließend die beiden halbierten Chromosomensätze zu einem neuen zusammenzufügen. Die Gene konnten nun vermischt weitergegeben werden, was zu einer gigantischen Variabilität der Arten führte. Ein Quantensprung, der die Entwicklung höherer Lebewesen erst möglich machte. Ohne Sexualität gäbe es uns nicht. Diese uralte Entwicklung wirkt sich auf unser heutiges Leben aus: Jedem von uns ist ein biologisches Geschlecht mitgegeben. Aus ihm kann sich das soziokulturelle Geschlecht entwickeln, das unsere Verhaltensweisen bestimmt.

Das soziokulturelle Geschlecht, normalerweise als Gender bezeichnet (Schlicht, 2010), lässt uns typisch weiblich bzw. typisch männlich empfinden und handeln. Man hatte seit mythischen Zeiten ein Gespür dafür, was typisch weiblich ist, was typisch männlich. Immer wieder kristallisierte sich heraus, dass man mit dem Weiblichen das Dunkle, Weiche, Gefühlvolle, Harmonische, Passive, Ruhige verband, symbolisiert durch das Wasser; mit dem Männlichen das Helle, Harte, Rationale, Konkurrierende, Aktive, Bewegende, symbolisiert durch das Feuer. Die Eigenschaften bilden Begriffspaare, zwei Seiten einer Medaille. Frau und Mann sind Teile einer Dualität – Gegensätze, die sich ergänzen. Diese Dualität wird im chinesischen Yin und Yang symbolisiert, wo ein schwarzes und ein weißes Feld gemeinsam eine einzige Kreisscheibe bilden. Wundervoll auch Platons Mythos von den Kugelmenschen: Es soll einst sehr starke kugelförmige Menschen gegeben haben, die, von Hochmut getrieben, die Götter herausforderten. Zur Strafe wurden sie jeweils in zwei Hälften geteilt: Frau und Mann, die fortan versuchten, sich wieder zu vereinen.

Die Parallelen in den Mythen und Überlieferungen verschiedenster Völker zu den Charakteristika von Frau und Mann gehen darauf zurück, dass es sich bei den Begriffen „weiblich" und „männlich" um Archetypen handelt, d.h. um gemeinsame Grundempfindungen des kollektiven Unbewussten. Die Archetypen „Frau" und „Mann" sind gemeinsam entstanden, sie gehören zusammen. Die Frau ist Frau nur durch den Mann, der Mann ist Mann nur durch die Frau. Die Koexistenz mit dem anderen Geschlecht stärkt die eigene Genderrolle.

Die Unterschiede im Verhalten von Frauen und Männern sind das Salz in der Suppe des Zusammenlebens, auch wenn manchmal Welten dazwischenzuliegen scheinen (Gray, 1992,

Evatt & Zybak, 2005). Jeder weiß, dass Frauen sich einen Pullover anders ausziehen als Männer. Frauen kreuzen dabei die Arme vor der Brust, Männer halten sie parallel. Der Satiriker Ephraim Kishon glaubte herausgefunden zu haben, dass Frauen eine Zahnpastatube anders drücken als Männer (Kishon, 1989). Angeblich drücken Frauen in der Mitte, Männer am Ende. Allan und Barbara Pease erzählten amüsant davon, warum Frauen süchtig danach sind, Schuhe zu kaufen, und Männer gut Landkarten lesen können (Pease & Pease, 2000, 2002). Zur Erklärung zogen sie die Rollenverteilung in der frühmenschlichen Entwicklung heran. In Höhlen hausende Jäger und Sammler könnten prägende Verhaltensweisen entwickelt haben, die sich über die Evolution verfestigt hätten.

Neben diesem evolutionspsychologischen Ansatz gab es physiologische Erklärungen. Hormone wurden für die Unterschiede verantwortlich gemacht (Brizendine, 2008, 2011); andererseits wurde betont, dass die Gemeinsamkeiten die Unterschiede zwischen den Geschlechtern überwiegen (Hyde, 2005).

Was auffällt: Emotional neigen Frauen zur Empathie, Männer zur Aggression. Frauen sind aufmerksamer als Männer, haben ein besseres Gedächtnis, bessere Sprach- und Sozialkompetenz als Männer. Umgekehrt haben Männer ein besseres räumliches Vorstellungsvermögen und eine bessere Motorik. Neurologische Unterschiede könnten die Ursache sein. Bei

Frauen sind die Nervenverbindungen zwischen den beiden Hirnhälften besser ausgeprägt als bei Männern; bei Männern sind dagegen die Nervenverbindungen innerhalb der Hirnhälften besser ausgeprägt als bei Frauen.

Das wurde mittels Diffusions-Tensor-Bildgebung festgestellt (Ingarhalikar, et al., 2014). In der Studie wurden Kinder, Jugendliche und Erwachsene mit gleichen Ergebnissen untersucht, so dass Lernprozesse für das Ergebnis eine untergeordnete Rolle spielen dürften. Man kann davon ausgehen, dass die physische Entwicklung auf die größere Menge an Testosteron bei Männern zurückzuführen ist, die wiederum durch das Y-Chromosom bedingt wird.

Von Frauen gern zitiert wird die „Male Idiot Theory".

Aber bitte richtig zitieren! Die Theorie sagt nicht, dass alle Männer Idioten sind, sondern nur, dass (fast) alle Idioten Männer sind (Lendrem, Lendrem, Gray & Isaacs, 2014). Der Grund liegt in kleinen Unterschieden der Gauß-Verteilung der Intelligenzquotienten bei Frauen und Männern. Die Glockenkurven haben zwar annähernd den gleichen Mittelpunkt bei Frauen und Männern, aber bei Männern fallen sie flacher aus. Die Streuung ist größer. Das heißt im Klartext: Im Durchschnitt sind Frauen und Männer ungefähr gleich intelligent, aber bei Männern gibt es mehr „Ausreißer" im negativen wie im positiven Sinn, also mehr Idioten und mehr Genies. Ursache hierfür könnte wiederum das Y-Chromosom sein (Lütz, 2014).

Es gibt Autoren, die die physiologischen Ursachen geleugnet und behauptet haben, dass es sich bei den Geschlechterstereotypen nur um selbsterfüllende Prophezeiungen handelt, die, einmal in die Welt gesetzt, sich immer weiter verfestigten, weil die meisten Frauen und Männer eben dem Bild genügen wollten. Dann, so die Schlussfolgerung, wären die Gender-Unterschiede zufällig, damit überflüssig und nur Werkzeug zur sexistischen Unterdrückung der Frauen (Butler, 1991). Verständlich, dass es zur Forderung kam, die Gender-Unterschiede auszumerzen, um die sexistische Unterdrückung zu beenden. Wie schade jedoch um die kleinen Unterschiede! Möglicherweise ist dieser Schritt vermeidbar.

Zunächst: Die Wahrheit dürfte in der Mitte liegen – der Einfluss der Gene und jener der Sozialisation mischen sich. Tatsache ist immerhin, dass man charakteristische Verhaltensmuster bei Frauen und Männern identifizieren und unterscheiden kann. Sie mögen mehr oder weniger bedeutend sein, aber sie lassen sich beobachten und die Mehrzahl der Frauen und Männer verhält sich danach, teils bewusst, teils unbewusst. Das Wichtigere aber ist, dass das Problem des Sexismus in Zukunft entfallen könnte. Die Forderung nach einer Nivellierung der Gender-Unterschiede würde sich erübrigen, wenn die Menschheit sich dahingehend ändert, dass Frauen die ihnen gebührende Anerkennung erhalten. Das wird, so die Hypothese dieses Buches, die Zukunft bringen und mehr noch: Das weibliche Denken wird das tonangebende sein. Gerade die weibliche Rolle wird dann unentbehrlich sein.

Die Benachteiligung der Frau

Es gibt wohl kaum eine Frau, die sich nicht gelegentlich gewünscht hätte, nur für fünf Minuten ein Mann zu sein, insbesondere dann, wenn sie wieder einmal verzweifelt auf der Suche nach einer Toilette war. Dieser Wunsch mag manch einer Frau auch bei anderen Gelegenheiten in den Sinn gekommen sein. Man muss nur an die Geburtswehen denken. Was hat die Evolution den Frauen da nur angetan! In dieser Hinsicht scheint die Natur die Frauen benachteiligt zu haben. Dieses Martyrium wurde den Frauen von der Evolution im gemeinsamen Interesse der ganzen Menschheit auferlegt. Ohne Geburt keine Vermehrung. Die Frauen leiden für uns alle. Das sollte gewürdigt werden, Frauen sollten unterstützt und geehrt werden.

Leider geschieht das nicht immer. Im Gegenteil, viel weiter als die Benachteiligung durch die Natur ging die Benachteiligung der Frau durch die menschliche Gesellschaft über lange Zeit. Geradezu absurd: Die Frauen, die sich selbstlos für die Gemeinschaft aufopferten, ernteten dafür nicht Dank, sondern Verachtung. Im Mittelalter wurde Frauen gar unterstellt, unrein, sündig und Verführerinnen zur Sünde zu sein. Letzteres eine besonders perfide Verdrehung der Tatsachen, bekannt als Schutzbehauptung von Triebtätern. Eigene Rechte wurden Frauen lange nicht zugestanden, sie wurden diskriminiert.

Es ist auf den ersten Blick rätselhaft, wie es dazu kommen konnte. Eine kollektivpsychologische Begründung wird sich jedoch im nächsten Kapitel erschließen. Selbst die Kirche hat, der kollektiven Psyche der Menschheit folgend, bei der Sache mitgemacht. In der Bibel heißt es (1. Kor. 14, 34): „Wie in allen Gemeinden der Heiligen lasset eure Weiber schweigen in der Gemeinde; denn es soll ihnen nicht zugelassen werden, dass sie reden, sondern sie sollen untertan sein, wie auch das Gesetz sagt."

In der katholischen Kirche dürfen Frauen bis heute nicht die Priesterweihe empfangen.

Im Allgemeinen wird inzwischen die Benachteiligung der Frau als Unrecht erkannt. Umso erstaunlicher, dass die Durchsetzung der Gleichberechtigung in manchen Bereichen immer noch schleppend verläuft.

Zwar können sich inzwischen auf dem Arbeitsmarkt beide Geschlechter mit ihren jeweiligen Stärken einbringen; trotzdem treten gewaltige Unterschiede in der Bewertung der Leistung zutage, deutlich sichtbar am Lohngefälle zwischen Frauen und Männern. Für die gleiche Tätigkeit bekommen Männer fast ausnahmslos mehr bezahlt als Frauen (Stand 2016). Noch dramatischer wird es, wenn man Berufe vergleicht, die typisch weibliche und typisch männliche Stärken erfordern: Kindergärtnerinnen müssen fürsorglich sein, Banker viel rechnen. Die Gehaltsunterschiede gehen ins Absurde. Daher der bekannte Scherz (Urheber unbekannt): „Was uns wirklich wichtig ist, sieht man daran, wieviel wir den Menschen zahlen, die sich um unsere Kinder kümmern, und wieviel denen, die sich um unser Geld kümmern."

Entsprechendes lässt sich bei vielen weiteren Frauenberufen beobachten, die im Vergleich zu Männerberufen drastisch unterbezahlt werden. Der Grund kann nur darin liegen, dass die Tätigkeiten aus männlicher Sicht bewertet werden. Dabei wäre es für uns alle wichtig, dass gerade Berufe im Gesundheits- und Pflegebereich so bezahlt werden, dass der Idealismus der dort Arbeitenden gewürdigt wird.

Die Unzufriedenheit mit der ungleichen Bewertung ist überall zu spüren. Noch hat sie keine Bereinigung herbeigeführt (Bundesministerium für Familie, 2011), aber es ist nur eine Frage der Zeit. Der Wandel wird kommen.

In der Zwischenzeit dringen immer mehr Frauen in typische Männerberufe vor. Eine positive Entwicklung, nicht zuletzt deshalb, weil gemischte Kollegien gruppendynamisch besser funktionieren. Auch Spitzenpositionen in Wirtschaft und Politik werden zunehmend durch Frauen besetzt. Quotenregelungen sind ein Anfang, treffen aber noch nicht ganz den Kern. Bei Quotenregelungen geht es darum, Frauen in Männerberufe zu bringen. Das ist nur ein winziger erster Schritt (Schulz, 2015).

Nicht die Frauen müssen sich verbiegen, um in der männlichen Welt aufzusteigen – umgekehrt wird ein Schuh daraus: **Die Welt muss weiblich werden**.

Es sollte darum gehen, Frauen als Frauen zu würdigen, nicht als Ersatz für Männer. Frauenberufe müssen adäquat bewertet, vor allem besser bezahlt werden. Dieser Schritt ist der wichtigere als die Quotenregelung. Leider ist er auch der teurere, weshalb er bisher nicht vollzogen worden ist. Das, was getan worden ist, zeigt, dass etwas in Gange ist. Der Zug rollt. Er wird weiter rollen als gedacht.

Die Selbstzerstörung der Menschheit

Die Spatzen pfeifen es von den Dächern: Die Menschheit ist im Begriff, sich selbst zu zerstören. Sei es durch Atomkrieg, genmodifizierte Viren, chemische Massenvernichtungswaffen, selbstreplizierende Nano-Assembler, Klimawandel – auf die eine oder andere Weise könnte sie es bald geschafft haben.

Es gäbe eigentlich genug Gefahren, die schon die Natur für uns bereithält: Meteoriteneinschläge, Supervulkane, Gammastrahlenausbrüche, ein kosmischer Phasenübergang, um nur einige zu nennen. Trotzdem können wir es offenbar nicht lassen, selbst weitere hinzuzufügen. Eine Tragödie.

Man könnte sagen: kein Verlust für den Planeten. Damit würde man aber ignorieren, dass die Menschheit sich eventuell bessern könnte. Vor einem Weltuntergang wurde schon in der Antike gewarnt. Damals fürchtete man die Launen der Götter. Erst im 20. Jahrhundert kamen die menschengemachten Szenarien hinzu. Stephen Hawking brachte das Thema kürzlich wieder auf. Er wies darauf hin, dass es das menschliche Verhalten sei, das die Menschheit in den Abgrund führe (Clark, 2015). Dazu führte er aus, dass Aggression in der menschlichen Frühzeit nützlich gewesen sein mag, heute aber zur Selbstzerstörung der Menschheit führen könne. Folglich plädierte er für mehr Empathie. Da deutet sich etwas an, das auch aus der These dieses Buches folgen wird: Aggression ist eine Eigenschaft der

Männer, Empathie eine Stärke der Frauen. Die Rettung der Menschheit liegt in der Zurückdrängung männlicher und der Stärkung weiblicher Verhaltensmuster.

In der Tat kann man argumentieren, dass die Selbstzerstörung der Menschheit eine psychologisch notwendige Folge des bisherigen Zustandes der Menschheit ist und nur durch Änderung dieses Zustandes aufgehalten werden kann. Wenn man, wie C. G. Jung es vorschlug, die kollektive Psyche der gesamten Menschheit zum Gegenstand der Untersuchung macht, entdeckt man, dass sie Züge eines Muttersohnes aufweist (Liegener, 2016a, 2016b). Andererseits weiß man, dass Muttersöhne zur Selbstzerstörung neigen (Pilgrim, 1986). Das erklärt vieles und soll genauer untersucht werden.

Pilgrim entwarf folgendes Szenario für die Entstehung eines Muttersohnes (Pilgrim, 1986): Am Anfang stand eine Mutter, die sich nicht verwirklichen konnte. Grund war oft, dass Frauen nicht die gleichen Chancen hatten wie Männer. Andere denkbare Ursachen wären persönliches Scheitern oder Schicksalsschläge. Die machtlose Mutter übertrug ihre Ideale auf den Sohn, in der teils bewussten, teils unbewussten Hoffnung, dass dieser jene Ideale später verwirklichen würde. Die Übertragung war nur möglich, wenn die Mutter die vollständige Kontrolle über die Erziehung ihres Sohnes hatte. Dazu kam es, wenn die

Beziehung des Sohnes zu seinem Vater gestört oder nicht vorhanden war, z.B. durch Abwesenheit des Vaters. Solch ein Sohn konnte eine besonders enge Bindung zu seiner Mutter entwickeln – er wurde zum Muttersohn. Dadurch, dass die Mutter all ihre Hoffnung auf ihren Sohn setzte, machte sie ihn zum Narziss, der sich für berechtigt hielt, die ihm eingepflanzten Ideen mit allen Mitteln durchzusetzen. Er entwickelte ein Sendungsbewusstsein. Tragischerweise führten seine übertriebenen Ziele, unkontrolliert verfolgt, letztlich zu seinem Scheitern. Er nahm weder Rücksicht auf andere, noch auf sich selbst. Letzteres teils aus Opferbereitschaft, teils, weil er keine Kompromisse schließen konnte. Auch hatte er keinen Halt in sich selbst, war mit sich selbst nicht im Reinen: Seine Psyche war zerrissen zwischen weiblicher Prägung und männlicher Maske – er vereinigte weibliche und männliche Züge in sich. Geprägt wurde er durch die Erziehung der Mutter weiblich. Um in der äußeren Welt seine Aufgabe erfüllen zu können, musste er andererseits seine naturgegebene männliche Rolle spielen, ohne sich wirklich mit ihr identifiziert zu haben. Er unterdrückte die anerzogene weibliche Seite, fand dennoch keine echte männliche Identität, verzweifelte an sich selbst und suchte in seiner Unerfülltheit die Selbstzerstörung, nicht ohne seine Umgebung mit in den Abgrund zu reißen. Pilgrim nannte als Beispiele Hitler, Stalin und Napoleon.

Es muss allerdings relativiert werden, dass es auch positive Ausprägungen des Muttersohnes gibt. Er hat das Potential zum Besonderen, im Guten wie im Bösen. Auch Jesus war ein Muttersohn. Er verkörperte das Positive, aber auch er ging keine Kompromisse ein und suchte die Selbstzerstörung.

Die Menschheit als Kollektiv passt mit ihrer Entwicklung erstaunlich gut ins Schema des Muttersohnes. Sie wurde zunächst durch die Urmutter geprägt. In der Urmutter verehrten die frühen Menschen das in der Natur gefundene weibliche Prinzip, den Mutterarchetyp (Jung, 2011). Die Urmutter als Verklärung der Weiblichkeit bot den Menschen Zuflucht, Geborgenheit, Schutz, Liebe, Fürsorge. Ihr Mutterschoß war die Höhle, in der man Unterschlupf fand. Sie war zugleich einnehmend, festhaltend, Möglichkeit, Formbarkeit, begrifflich schwammig – sie konnte nicht Identität verleihen. Als ein Archetyp, entstanden im kollektiven Unbewussten, war sie eine nicht greifbare Macht, ein Bündel von Idealen, die nach Verwirklichung drängten, aber nur durch ihren Träger, die Menschheit, verwirklicht werden konnten. Als Potentialität war die Urmutter das Wollen ohne das Selbst-Können. Sie erfüllte leider weitestgehend die Kriterien, die eine Mutter erfüllen muss, damit ihr Sohn zum Muttersohn wird. Zum Muttersohn konnte die Menschheit aber nur werden, wenn sie männlich war.

War sie das?

Die mit der Entwicklung des Bewusstseins einsetzende rationale Durchdringung der Welt und deren Nutzbarmachung anstelle des Sich-Einfügens, war ein männlicher Zug der entstehenden Menschheit: Die Geburt der Menschheit war verbunden mit Aktualität, der Eroberer war erwacht, der Sohn. Jetzt konnte das dumpfe Wollen der Urmutter ans Licht kommen, verwirklicht werden. Die von der Urmutter eingepflanzten Ideale wurden in die Tat umgesetzt. Die Menschheit als der Muttersohn war das Werkzeug. Die Urmutter blieb als Anima, wie C. G. Jung die weibliche Seele im Mann bezeichnet, in der Menschheit wirksam.

Dass der Muttersohn seine weibliche Seite unterdrückt, kann als sein tragischer Wesenszug angesehen werden, aus dem sein Verhängnis erwächst. Hier liegen die Wurzeln seines inneren Konfliktes. In der Tat lässt sich dieser Zug auch bei der Menschheit beobachten: Es lässt sich wohl kaum leugnen und wurde im vorigen Kapitel angesprochen, dass die Menschheit über Jahrtausende ihre weibliche Seite, die Frauen, unterdrückt hat. Hier findet sich eine kollektivpsychologische Erklärung für das rätselhafte Phänomen der sexistischen Unterdrückung der Frau.

Der Wille der Urmutter wurde umgesetzt. Zunächst ging es um die Kultivierung und Urbarmachung der Welt – sie sollte

Wohnstätte werden. Nach Art des Muttersohnes übertrieb die Menschheit bei der Erfüllung ihres Auftrages. Die Übertreibung äußerte sich im Bestreben, die Welt nicht nur zu pflegen und zu kultivierten, sondern sie zu kontrollieren, letztlich sie zu beherrschen und auszubeuten. Der Muttersohn wird zum Tyrannen, die Menschheit treibt Raubbau an der Natur. Im Zeitalter der Globalisierung wurde daraus eine Bedrohung der Welt. Die Grenzen des Wachstums rückten in greifbare Nähe (Bardi, 2011).

Die männliche Seite der Menschheit will die vollständige Kontrolle der Natur. Dabei ist der Mensch gar nicht in der Lage, ein so komplexes, selbstorganisiertes System wie die Natur zu kontrollieren. Er überschätzt sich. Es mag ihm immer wieder gelingen, einzelne Schwierigkeiten zu überwinden, wodurch er in seinen Illusionen bestärkt wird, aber es ist nur eine Frage der Zeit, dass er im Ganzen versagen wird. Es ist eine zwangsläufige Folge der Anmaßung des Menschen, der intrinsischen Überheblichkeit des Muttersohnes, seines Kontrollzwanges. Hier rächt sich das ihm von der Urmutter eingepflanzte Sendungsbewusstsein, das zugleich seine Scheinidentität ausmacht. Das Platzen seiner Scheinidentität wird letztlich beim Muttersohn zum Drang nach Selbstzerstörung führen – das Ende der Menschheit! Die Tragödie nimmt ihren Lauf.

Es gäbe eine Möglichkeit, die Katastrophe zu verhindern. Die Menschheit müsste sich vom Muttersohn zur Muttertochter wandeln, sie müsste sich transgenderisieren – natürlich nicht die Individuen, sondern das Kollektiv in seinen unbewussten Grundanschauungen. Für eine Muttertochter ist die Prognose ungleich günstiger als für einen Muttersohn. Sie kann die weibliche Einflussnahme in ihrer Erziehung auf natürliche Weise implementieren und läuft nicht Gefahr, durch innere Zerrissenheit selbstzerstörerische Züge zu entwickeln.

Solch ein Wandel wäre vernünftig. Er wäre wahrscheinlich sogar die einzige Möglichkeit, die Selbstzerstörung der Menschheit aufzuhalten.

Bewusst kann ihn die Menschheit jedoch nicht herbeiführen. Sie hatte die Situation in ihrer Tiefe bisher überhaupt nicht überschaut und, selbst wenn es sie die Notwendigkeit dieses Schrittes erkannt hätte, bleibt fraglich, ob sie ihn als Gemeinschaft planvoll hätte tun können. Erstaunlicherweise ist sie jedoch schon dabei, sich zu transgenderisieren – allerdings unbewusst. Es scheint nämlich so zu sein, dass der Wandel durch die Selbstheilungskräfte der menschlichen Natur von selbst eingeleitet worden ist.

Im Grunde ist ganz einfach zu verstehen, was geschehen ist: In den letzten Jahrhunderten hatte die Menschheit begonnen, sich als Ganzes wahrzunehmen und ihre Beschränktheit zu erkennen, war an Grenzen gestoßen, begriff die Erde als unentrinnbaren Aufenthaltsort. Sie bekam erstmals ein Gefühl für ihre Existenz als Spezies, begriff, dass sie die einzige intelligente Spezies auf der Erde war, womöglich die einzige überhaupt. Allein ins All geworfen, wurde sie mit einem Urgefühl konfrontiert: Angst. Die Menschheit stürzte in eine Existenzkrise. Das führte zu unbewussten Reaktionen des Kollektivs.

Zwei gab es im Wesentlichen. Zum einen die unwillkürliche Reaktion jedes Lebewesens in einer Existenzkrise: der Ruf nach den Eltern, insbesondere nach der Mutter. Das bedeutet beim Muttersohn eine Stärkung seiner weiblichen Seite. Ein erster Schritt.

Die zweite Reaktion ist komplizierter und hat mit der Rolle der Frau zu tun. Die physische Unterlegenheit der Frau im Vergleich zum Mann hatte schon früh in der Evolution dazu geführt, dass Frauen Strategien zum Überleben in Situationen eigener Schwäche entwickelten. Dies wurde zu einer der Stärken der Frauen. Schon immer waren sie es, die in Existenzkrisen den letzten Halt boten – wenn die Männer versagten. So ist es nur natürlich, dass die Menschheit in einer sich anbahnenden Existenzkrise unbewusst zu ihrer weiblichen Seite tendierte. Überleben ist Frauensache. Die Menschheit versuchte intuitiv, weibliche Resilienz zu mobilisieren. Das brachte das Fass zum Überlaufen. Der Muttersohn, immer schon zwischen weiblicher und männlicher Seite schwankend, begann, sich zur Frau zu wandeln, zur Muttertochter. So wurde die Transgenderisierung der Menschheit eingeleitet, ohne dass es eines Entschlusses dazu bedurft hätte, ja, ohne dass der Prozess als solcher erkannt worden wäre. Dieser hypothetische Wandel der Menschheit ist in seinem ganzen Umfang nicht leicht zu bemerken und wird lange dauern.

Die Transgenderisierung des kollektiven Unbewussten äußert sich jedoch bereits an Strömungen des Zeitgeistes.

Anzeichen dieses Wandels sind schon des Öfteren diagnostiziert worden, z.B. in der Arbeitswelt (Funken, 2016) und bei der Jugend (Sadigh, 2015). Es wurde sogar behauptet, die Männer seien schon am Ende (Rosin, 2012). Diese Behauptung beißt sich indes mit den Beobachtungen über die Benachteiligung der Frauen. Man kann sich vielleicht darauf einigen, dass die Situation im Fluss ist.

Neu ist, dass jetzt eine Begründung für den Wandel gegeben werden kann. Mit der kollektivpsychologischen Begründung im Hinterkopf, lässt sich der Wandel leicht an beobachtbaren gesellschaftlichen Strömungen identifizieren. Die Zeichen häufen sich: die Demokratisierung der Welt, das Ende des Kalten Krieges, der Ausbau des Sozialstaates, die Quotenregelungen, der politische Pluralismus, die multikulturelle Gesellschaft, die Freiheit in der Wahl sexueller Partnerschaften, die Befreiung von der Erbschuld, zeitgenössische Strömungen in Wissenschaft und Kunst, der Wertewandel … Diese Zeichen, unter neuen Gesichtspunkten analysiert, stützen die Hypothese von der Transgenderisierung der Menschheit.

Patientin Menschheit

Bei Individuen muss die Transgenderisierung von einer geschlechtsangleichenden Operation unterschieden werden. Bei solch einer Operation von Mann zu Frau hätte sich der/die Betroffene schon von Geburt an als Frau gefühlt und mit der körperlichen Umwandlung nur korrigiert, was seiner Überzeugung nach falsch war. Es ist ein körperlicher Vorgang. Bei der Transgenderisierung, wie sie im Zusammenhang mit der Menschheit gemeint ist, hatte sich die Transgender-Frau ursprünglich als Mann gefühlt und hat im Lauf der Zeit eine gefühlsmäßige Wandlung zur Frau durchgemacht. Hierbei sind körperliche Änderungen kosmetisch und nebensächlich, es geht in der Hauptsache um eine Änderung des Verhaltens.

Die Verhaltensänderung fällt, wenn sie gewollt ist, Individuen im Allgemeinen nicht sonderlich schwer. Spielerisch kann die Transgenderisierung im Transvestitismus probiert werden. Das wird von denen, die es aus Spaß machen, als nicht problematisch empfunden. Für das Kollektiv der Menschheit kommt hinzu, dass ja die Hälfte der Mitglieder des Kollektivs bereits Frauen sind. Das erleichtert den Schritt. Er läuft automatisch ab.

Die Psyche einer Muttertochter ist theoretisch stabiler als die eines Muttersohnes. Aber zur psychisch gesunden Muttertochter muss der Muttersohn erst einmal werden. Es bleibt zu bedenken, dass eine Muttertochter, die durch Transgenderisierung entstanden ist, durch eben diese Transgenderisierung ganz eigene Probleme entwickeln kann. Dieser Schritt kann, wenn er ernst gemeint ist, bei Individuen unter Umständen zu psychischen Störungen führen (Davison, Neale & Hautzinger, 2002). Leider steht kein Psychiater zur Verfügung, der die Menschheit dann als Patientin behandeln kann.

Entscheidend für die Transgender-Frau, die neue Muttertochter, ist, dass der Animus, nach C. G. Jung der männliche Anteil der Seele der Frau, nicht vernachlässigt wird, sondern sich weiterhin entfalten kann. Auch dieser Anteil ist wichtig im Leben der Frau. Da bei der Transgenderisierung vom männlichen zum weiblichen Ego umgeschaltet wird, kann es geschehen, dass die Transgender-Frau in dem Bestreben, die Umwandlung möglichst gründlich zu vollziehen, bei der Zurückdrängung der männlichen Komponente übers Ziel hinausschießt und ihren Animus unterdrückt. Das wäre schädlich für das seelische Gleichgewicht der Patientin. Die männliche Seite einer Frau muss von ihr akzeptiert werden. Auf die Menschheit bezogen bedeutet das, dass auch der männliche Teil der Gesellschaft sich frei entfalten können muss. Es darf nicht von der Unterdrückung der Frauen zu einer Unterdrückung der Männer gewechselt werden. Männer dürfen sich weiterhin männlich verhalten. (Natürlich dürfen auch Frauen sich männlich verhalten, wenn sie das wollen.)

Es findet sich zwar kein externer Psychiater, der die transgenderisierende Menschheit betreuen könnte, aber die Menschheit kann sich auf die Urmutter, die große Heilerin, verlassen. Diese wird mit ihrem Einfluss auf die Muttertochter dafür sorgen, dass die Natur im Gleichgewicht bleibt. Und in der Natur gibt es nun einmal beides: Frauen und Männer.

Frauen haben kein Problem damit. Sie wollen das harmonische Beisammensein mit den Männern, nicht die Konkurrenz. Das heißt: Die Frauen können die Männer ruhig ihr Ding machen lassen. Nicht einmal die Brusttrommelei der Machos muss unterbunden werden. Von den meisten Frauen wurde sie sowieso seit jeher nur belächelt. Es waren die Männerhorden, die sich davon beeindrucken ließen. Das würde in einer weiblich geprägten Welt aufhören. Niemand würde atavistisches Imponiergehabe mehr ernst nehmen. Kein Vergleich mit früheren Zeiten, da aus Säbelrasseln noch Kriege entstehen konnten. Nicht verbieten muss man das Getöse, man darf es nur nicht wirken lassen. Sollen die Polterer doch poltern, solange sie niemanden mehr damit beeindrucken und alles, was sie ernten, ein nachsichtiges Lächeln ist.

Das wird überhaupt die wichtigste Problemlösungsstrategie in einer weiblichen Welt sein: einfach weglächeln. Das funktioniert bei zwischenmenschlichen Problemen fast immer. Das gemeinsame Interesse an einer harmonischen Lösung kann zu den besten, den tragfähigsten Kompromissen führen. Und was Sachprobleme betrifft: Da hilft ein tapferes Lächeln, mit dem die Mitglieder des Teams sich gegenseitig Mut machen, um gemeinsam das Problem anzupacken.

Männer können ein Teil des Teams sein, sie dürfen auch den Helden spielen und dafür gelobt werden. Trotzdem bleibt das Team das Zentrum und die Aufgabe wird zum Schluss als gemeinsam gelöst betrachtet.

Der Esau-Effekt

Das Phänomen des Muttersohnes ist seit biblischen Zeiten bekannt, allerdings, ohne dass die Dinge beim Namen genannt worden wären. Die Bibel präsentiert Jakob als den Muttersohn par excellence, seinen Bruder Esau als einen Vatersohn. Esau ist der ältere der beiden, der Erstgeborene. Die Bibel erzählt, dass Esau vom Vater Isaak bevorzugt, geliebt und betreut wird, Jakob jedoch unter der Obhut der Mutter steht, an ihrem Rockzipfel hängt. Die Mutter, Rebekka, teilt das Schicksal aller Frauen jener Zeit, praktisch rechtlos zu sein. Sie wird ihrem Mann in die Ehe gegeben, ohne ihn vorher gesehen zu haben. Die Situation spottet ihrer hohen Intelligenz, die sie durch ihre späteren Schachzüge beweist. All ihre Hoffnung setzt sie auf Jakob, von dem Gott ihr Großes prophezeit hat. Sie formt ihn und lenkt ihn. So entfaltet sich das klassische Muttersohnszenario. Die Autoren der Bibel wollten hier offenbar paradigmatische Charakterbilder mit der israelitischen Identität verknüpfen. Jakob, der später den neuen Namen Israel erhält, gilt als Stammvater der Israeliten.

Die differenzierte psychologische Beschreibung dieser symbolhaften Schlüsselperson, dieses Namensgebers und Repräsentanten des Volkes der Israeliten, als Muttersohn, überrascht zunächst. Es scheint fast, als hätten die Autoren schon damals die Muttersohnähnlichkeit der Menschheit erkannt.

Im weiteren Verlauf der Episode raubt Jakob, angestachelt und unterstützt von seiner Mutter, seinem Bruder Esau durch Lug und Betrug den Erstgeburtssegen. Der Muttersohn übertölpelt den Vatersohn. Das erweist sich als so charakteristisch für die Beziehung von Muttersohn und Vatersohn, dass in Verallgemeinerung dieses Ereignisses die häufige psychologische Situation, dass der Muttersohn einem beliebigen Vatersohn, der seinen Weg kreuzt, seinen „Erstgeburtssegen" raubt, als Esau-Effekt bezeichnet werden kann (Liegener, 2015b, 2016a, 2016b). Der „Erstgeburtssegen" steht dabei für eine vom Muttersohn begehrte besondere Ehre oder materielle Güter, die dem Vatersohn aufgrund eines Prioritätsrechts zustehen.

Den Esau-Effekt versteht man, wenn man den Vatersohn versteht. Vatersohn wird der Typus des Sohnes genannt, der hauptsächlich vom Vater aufgezogen wurde (Pilgrim, 1993). Dadurch konnte er seine Männlichkeit frei entwickeln. Konflikte zwischen elterlicher Prägung und eigener Gender-Rolle wie beim Muttersohn entstanden bei ihm nicht. Er wurde zum Teamplayer, bereit, sich Vaterfiguren unterzuordnen. Das macht ihn anfällig für Machtübernahmeversuche des Muttersohnes, der gern versucht, selbst die Vaterrolle zu spielen. Der Muttersohn wird durch die Gelegenheit geradezu provoziert und reagiert instinktiv mit Überrumpelung des Vatersohnes. Man kann den Effekt noch verallgemeinern, indem man konstatiert, dass der Muttersohn all jene zu übervorteilen versucht, die ihm aus irgendwelchen Gründen nicht gewachsen sind. Er wird von moralischen Skrupeln nicht gebremst, da er meint, die Moral gepachtet zu haben.

Es wurde gezeigt, dass der Esau-Effekt nicht nur bei Individuen auftritt, sondern auch bei Kollektiven beobachtet werden kann (Liegener, 2016b). Wenn es nun aber um die gesamte Menschheit als Abbild eines Muttersohnes geht, so kann es eigentlich keinen Außenstehenden geben, der Opfer des Esau-Effektes werden kann. Außerirdische sind uns nicht bekannt, jedenfalls nicht in der Realität. Man kann indes untersuchen, wie sich die Menschheit das hypothetische Zusammentreffen mit fiktiven fremden Intelligenzen in ihrer Fantasie vorstellt. Solch eine Analyse bedeutet, eine Traumdeutung der Menschheit zu wagen.

Die Science-Fiction-Literatur quillt über von Szenarien, die beschreiben, wie die Menschheit Außerirdischen begegnen könnte.

Den größten Einfluss dürfte wohl Herbert George Wells' Roman „Krieg der Welten" gehabt haben. Obwohl der Roman schon 1898 geschrieben worden war, versetzte eine 1938 im Radio ausgestrahlte Hörspielfassung die amerikanischen Zuhörer in Panik. Es ging um eine Invasion der Erde durch technisch überlegene aggressive Außerirdische. Nur durch einen unglaublichen Zufall sollen die Außerirdischen letztlich vernichtet worden sein.

Das Schema wurde oft kopiert: Außerirdische, uns überlegen und feindlich gesinnt, erzwingen eine kriegerische Auseinandersetzung mit der Menschheit. In amerikanischen Science-Fiction-Filmen kommen „böse" Außerirdische eindeutig häufiger vor als „gute" (van Eijk, 2000, S.36).

Da wir nichts über irgendwelche Außerirdischen wissen, kann die Unterstellung der Bösartigkeit nur eine Projektion unserer eigenen Absichten auf die fiktiven fremden Intelligenzen sein: Wir sind diejenigen, die feindlich gesinnt sind. Die Außerirdischen müssten ferner, um uns aufsuchen zu können, die weiter fortgeschrittene, ergo ältere Spezies sein. Wir rauben ihnen daher im Falle unseres Sieges, zu dem es in diesen Wunschträumen fast immer kommt, ihre Priorität, in manchen Darstellungen auch ihre Technologie. Hier kommt ein geträumter verallgemeinerter Esau-Effekt zum Vorschein, nur notdürftig kaschiert mit der fadenscheinigen Begründung durch einen Verteidigungsfall. Man muss kein Psychologe sein, um diesen Traum zu deuten: Wir wollen dieses Zusammentreffen, um die Priorität einer weiter fortgeschrittenen Technologie zu erbeuten. Auch in ihren Träumen verhält sich die Menschheit wie ein Muttersohn.

Interessanterweise änderte sich die Sicht auf die Außerirdischen in den amerikanischen Science-Fiction-Filmen ab den 80er Jahren: „Erst ab den 80ern ist zu beobachten, dass in manchen Filmen das amerikanische Modell favorisiert wird. Erst jetzt werden Versuche unternommen, außerirdische Völker in das irdische (amerikanische) Leben zu integrieren." (van Eijk, 2000, S.31) Dabei wird zwischen europäischem und amerikanischem Modell für die Einordnung der Außerirdischen unterschieden: „Die Staatsbürgertheorie beinhaltet zwei Modelle. Das eine (europäisches Modell) definiert einen Staatsbürger über die Abstammung, also über die Herkunft (Staatsbürgerschaft) der Eltern. Die Staatsbürgerschaft einer Person ist also vom Wohnort unabhängig. Das andere (amerikanisches Modell) definiert einen Staatsbürger über seine Heimat. Zieht ein Mensch um, ändert sich seine Heimat und damit seine Staatsbürgerschaft." (van Eijk, 2000, S.30)

Der Wechsel vom europäischen zum amerikanischen Modell weist auf ein Umdenken hin. Der Außerirdische kann nun amerikanischer Staatsbürger werden. Der Wunschtraum hat sich geändert: Koexistenz statt Konkurrenz. Dieses Umdenken kann als ein Indiz für den Wandel der Menschheit zur Muttertochter gesehen werden.

Es finden sich aber nicht nur in der Fantasie, sondern auch in der Wirklichkeit Anzeichen für einen Esau-Effekt in der Vergangenheit der Menschheit. Man könnte an Minderheiten denken, deren erste Misshandlung schon die Aberkennung der Menschenrechte und damit ihr Ausschluss aus der Gemeinschaft der Menschen war. Die Geschichte der Menschheit bietet genügend Beispiele (die Indianer Nordamerikas, die Sklaven zu allen Zeiten in den verschiedensten Ländern, die Juden im Dritten Reich ...). Diese ausgeschlossenen Gruppen müssen im Allgemeinen nicht unbedingt vatersohnähnlich sein, sie teilen mit dem Vatersohn lediglich die Unfähigkeit, sich gegen Angriffe des Muttersohnes zu wehren. Es handelt sich bei den Verstößen gegen Minderheiten also nicht um einen Esau-Effekt im engeren, sondern im verallgemeinerten Sinn.

Als weiteres Beispiel für einen verallgemeinerten Esau-Effekt, den Raub eines Prioritätsrechts von einem Wehrlosen, kann man das Verhalten der Menschheit gegenüber dem Tierreich betrachten. Die Evolution hat die Tiere vor den Menschen geschaffen. Sie haben eine Art Priorität, bevölkerten die Erde vor den Menschen. Das Wissen um diese Tatsache war den Menschen seit jeher gegeben. Schon die frühen Schöpfungsmythen erzählen es so, wenn auch zu der Zeit ohne fundierte Begründung. Die Menschheit als Muttersohn beansprucht jedoch wie selbstverständlich für sich, die auserwählte, die „gesegnete" Art von Lebewesen zu sein. Die Mythen erzählen davon, dass den Menschen von den Göttern diese Auszeichnung zuerkannt wurde. So auch die Bibel: „Füllet die Erde und machet sie euch untertan." (Gen. 1, 28) Die Menschheit nahm also den Tieren ihre Priorität, verdrängte sie aus ihrem Lebensraum und machte diesen Raum sich selbst zu eigen. Zahlreiche Tierarten starben durch die Einwirkung des Menschen aus.

Eine muttertochterähnliche Menschheit neigt im Gegensatz zum Muttersohn nicht zum Esau-Effekt. Die Muttertochter sucht den Vater zwar auch wie der Muttersohn, im Gegensatz zum Muttersohn will sie aber nicht selbst die Vaterrolle spielen. Sie kennt ihren Platz, würde niemandem seinen Status nehmen, Minderheiten nicht diskriminieren. Im Gegenteil, als Frau übernimmt sie freiwillig eine Fürsorgepflicht. Die jüngere Entwicklung der Menschheit bestätigt dies: Der Schutz von Minderheiten und der Tierschutz sind mittlerweile in vielen Ländern gesetzlich geregelt.

Die Befreiung von der Erbschuld

Die Erbschuld ist den meisten Menschen hierzulande aus ihrer Kindheit vertraut. Wenn man als Kind noch nie vorher ungerecht behandelt worden war, spürte man beim Erlernen dieser Lehre im Religionsunterricht erstmals, was Ungerechtigkeit bedeutet. Man sollte Schuld tragen für etwas, was Adam und Eva getan hatten. Ferner wurde den Kindern beigebracht, was alles von dem, was sie so machten, als Sünde angesehen wurde. Spätestens zu diesem Zeitpunkt begannen die meisten Kinder, sich schuldig zu fühlen, bekamen Angst vor dem Höllenfeuer. Die Saat fiel auf fruchtbaren Boden, weil die Menschen eine Disposition zu Schuldgefühlen haben. Die Menschheit leidet an einem existenziellen Schuldbewusstsein.

Eine sachliche Begründung für das existenzielle Schuldbewusstsein der Menschheit kann im Rahmen der Evolutionstheorie gegeben werden (Liegener, 2015a): „Durch die spezifischen Herausforderungen der Umwelt in der Frühzeit der Menschheit wurden hauptsächlich die Menschen selektiert, die sich stets leicht überforderten, dadurch mehr leisteten. Die zwangsläufige Unzulänglichkeit beim Erreichen ihrer zu hoch gesteckten Ziele, die Unfähigkeit, die selbst geschaffenen Ideale zu verwirklichen, führte in der Folge zu Schuldgefühlen bei den so selektierten Menschen." Gemeint sind damit nicht Schuldgefühle wegen moralischer Verfehlungen, sondern es handelte sich um ein existenzielles Schuldbewusstsein, das daraus resultierte, dass man das Gefühl hatte, als Person den eigenen Ansprüchen nicht zu genügen, eben einfach „nicht gut genug" zu sein.

Früh schon wurde dieses Gefühl in unserem Kulturkreis von der christlichen Kirche als „Erbschuld" bezeichnet und funktionell vereinnahmt. Nicht dass man das Gefühl als solches erkannt und instrumentalisiert hätte. Es war ein Zufallstreffer.

Das Fundament legte schon Paulus mit der Erlösungslehre, in der Adam mit Jesus in Beziehung gesetzt wurde. Die ganze Lehre von der Erbschuld wurde jedoch erst von Augustinus entwickelt, der damit den Hass Gottes auf Esau erklären wollte. Er benannte den sogenannten Sündenfall, das Essen der verbotenen Frucht, als Ursache der Erbschuld.

Diese alte Geschichte wird inzwischen mehrheitlich nur noch als Gleichnis, als „großes Bild" angesehen, wie selbst Papst Benedikt XVI es formuliert hat (Benedikt XVI, 2008): „Das Böse bleibt geheimnisvoll. Es wird in großen Bildern dargestellt, wie es das 3. Kapitel des Buches Genesis mit jener Vision von den zwei Bäumen, von der Schlange, vom Menschen, der zum Sünder wird, tut. Ein großartiges Bild, das uns rätseln lässt, aber das, was in sich unlogisch ist, nicht zu erklären vermag."

Die Lehre von der Erbschuld behielt man in der katholischen Kirche bei, wobei die Erbschuld aber inzwischen abstrakt als Folge einer missbrauchten Freiheit des Menschen interpretiert wird.

Die Menschheit entwickelte also einen Schuldkomplex, der sich als nützlich erwies, um höhere Leistungen zu erreichen. Natürlich ist das psychisch ungesund. Man hatte letztlich die eigene seelische Gesundheit für die Leistungsfähigkeit geopfert – eine unbewusste Entscheidung des Kollektivs. Der Muttersohn hatte die Bereitschaft bewiesen, sein eigenes Wohlergehen hintanzustellen, wenn es um das Erreichen seiner ehrgeizigen Ziele ging. Dieses Opfer mag in der Frühzeit der Menschheit notwendig gewesen sein; heute wird es nicht mehr gebraucht. Das existenzielle Schuldbewusstsein ist demzufolge ein Relikt, das fortbesteht, ohne dass es noch einen Grund dafür gäbe.

Aber das muss nicht so bleiben: Die Muttertochter hat jenen übertriebenen Ehrgeiz, den Drang nach Leistung, nicht, und man kann hoffen, dass sich nach der Transgenderisierung der Menschheit das existenzielle Schuldbewusstsein zurückbilden wird. Dafür gibt es tatsächlich kollektivpsychologische Gründe.

Freud führte ursprünglich das Schuldgefühl der Menschheit auf den Ödipuskomplex zurück (Freud, 1930, Kap. 7): „Wir können nicht über die Annahme hinaus, dass das Schuldgefühl der Menschheit aus dem Ödipuskomplex stammt ..."

Erich Fromm betonte später, dass die sexuelle Komponente nicht entscheidend sei (Fromm, 1979). Es handele sich lediglich um die starke Bindung des Sohnes an die Mutter und die Rebellion gegen den Vater. Dies beschreibt nun gerade die Situation eines Muttersohnes. Damit hat man eine psychoanalytische Interpretation gefunden, warum die Menschheit als muttersohnähnliches Kollektiv jenes existentielle Schuldbewusstsein ausgebildet hat. Gleichzeitig erklärt sich, warum der Effekt bei der Muttertochter entfällt. Jung postulierte zwar für die Tochter den analogen Elektrakomplex (Jung, 1969), Freud widersprach dem jedoch und sieht den Komplex nur beim Sohn (Freud, 2000). Wenn er Recht hat, kann man auf ein Nachlassen des existenziellen Schuldgefühls in naher Zukunft warten.

Das existenzielle Schuldgefühl der Menschheit steht in unmittelbarem Zusammenhang mit ihrem drohenden Untergang. Der Muttersohn sieht keinen anderen Ausweg aus seiner existenziellen Schuld als die Selbstzerstörung. Sein Narzissmus lässt keine Kompromisse zu. Selbst die christliche Kirche kann ihn nicht mit der Aussage trösten, dass die Erbschuld durch Jesu Opfertod getilgt sei. Ihm wird damit zwar ein weitreichendes theologisches Versprechen gegeben, aber ohne sichtbare Auswirkungen auf das irdische, das gegenwärtige reale Leben.

Eine Wirkung hat der Muttersohn in den letzten 2000 Jahren nicht gespürt. Erst die jetzt einsetzende Transgenderisierung wird das Schuldgefühl der Menschheit auch in diesem Leben reduzieren.

Das lässt sich tatsächlich beobachten. Erste Anzeichen der Befreiung vom kollektiven existenziellen Schuldbewusstsein machen sich bemerkbar. Zunächst einmal wird in der weiblich werdenden Welt eine Kollektivschuld als solche überhaupt nicht mehr anerkannt. In Deutschland gab es im Mittelalter und wohl auch schon bei den Germanen die Sippenhaftung, später wurde sie während des Nationalsozialismus und in der DDR wiederbelebt. Heute ist sie bei uns abgeschafft. Schuld wird nur noch in individuellen Taten gesehen, nicht mehr in der kollektiven Lebenssituation des Menschen.

Das persönliche Schuldbewusstsein beginnt ebenfalls, sich zu wandeln, hat sich zum Teil schon gewandelt. Theologen formulieren es so (Bommer, 2013, S. 87): „In unserer Zeit hat sich zweifellos das Schuldbewusstsein verändert. Vom Paragrafen-Gewissen nach dem Sündenreglement im alten Beichtspiegel hin zu einem Wertgewissen. Die Psychologen nennen das vom außengesteuerten zum innengesteuerten Menschen. Vom Kindheits-Ich zum Erwachsenen-Ich."

Schuldgefühle werden nach der Transaktionsanalyse vom Eltern-Ich der religiösen Instanz im Kindheits-Ich des Gläubigen hervorgerufen. Die Entwicklung geht offenbar dahin, dass das Eltern-Ich der Instanz heute nicht mehr direkt auf das Kindheits-Ich des Gläubigen wirkt, sondern von dessen Erwachsenen-Ich kontrolliert wird. Dadurch werden Schuldgefühle rational hinterfragt. Die Verschiebung der Schuldverarbeitung vom Kindheits-Ich zum Erwachsenen-Ich entspricht dem Wandel vom narzisstischen Muttersohn zur verantwortungsbewussten Muttertochter.

Die Demokratie

Männer bauen Hierarchien, Frauen Netzwerke (Schwarz, 2007, S. 235). In der Steinzeit mussten die Männer bei der Jagd in kürzester Zeit koordinierte Höchstleistungen erbringen. Das funktionierte nur, wenn Befehle ohne Diskussion sofort befolgt wurden. Befehlsketten wurden installiert, Hierarchien entstanden. Die Frauen andererseits mussten in den Höhlen die Kinder betreuen, das Feuer hüten, Beeren und Kräuter sammeln und vieles mehr. Sie hatten dabei Zeit, sich abzusprechen, Aufgaben nach Vorliebe unter sich aufzuteilen, Informationen mal mit dieser, mal mit jener Stammesgenossin auszutauschen, Beziehungen zu pflegen, kleine Netzwerke zu bilden. Entsprechend die heutigen Organisationsformen: Männer legen Wert auf sichtbare Machtausübung, Rangordnungen und das Militärische, Frauen suchen Informationen über die Mitglieder des Netzwerkes in Erfahrung zu bringen – in kleinen Kreisen pflegen sie Klatsch und Tratsch.

In globalen Netzwerken geht es um machtrelevante Informationen. Es ist kein Zufall, dass in einer weiblicher werdenden Welt die Überwachung zunimmt. Die NSA-Affäre hat uns einen Vorgeschmack gegeben. Geheimdienste müssten eigentlich ein Paradies für Frauen sein: Alles zu wissen – wer mit wem …

Erstaunlicherweise sind Frauen dennoch beim BND unterrepräsentiert (Stand 2016). Der Grund könnte, wenn keine diskriminierenden Ursachen vorliegen, in den Geheimhaltungsklauseln zu suchen sein. Was nutzen all die pikanten Details, wenn man nicht darüber reden darf. Frauen stört das, eigenbrötlerische Männer nicht.

Viele wittern bei einer zunehmenden Überwachung die Gefahr eines totalitären Staates. Wenn aber, wie man argumentieren kann, die zunehmende Überwachung tatsächlich eine weiblich werdende Welt ankündigt, bedeutet das paradoxerweise, dass die Gefahr eines totalitären Staates nicht zunimmt, sondern abnimmt. Ein totalitärer Staat wäre nämlich hierarchisch organisiert. Das wäre nicht weiblich – das wird nicht passieren. Eine weibliche Welt wird demokratisch organisiert sein. Das ergibt sich aus der Organisationsform: Demokratien sind netzwerkartig organisiert; Monarchien und Diktaturen hierarchisch. Demokratisch verhalten sich schon kleinste Frauengruppen. Alle Frauen der Gruppe achten darauf, dass keine einzelne zu sehr aufsteigt. Das wird gern als Stutenbissigkeit verspottet, ist aber ein grundlegender demokratischer Kontrollmechanismus (Bischof-Köhler, 2011).

Die Demokratie entstand im Griechenland der Antike und ging schon in der Antike wieder verloren. Neu etabliert wurde sie erst 1689 mit der Bill of Rights. Eine weitere Verbreitung der Demokratie bahnte sich mit dem 18. Jahrhundert an. Das fügt sich ins Bild: Die Welt wurde schrittweise weiblich.

Da stößt etwas auf: Die Entstehung der ersten Demokratien in den Poleis des frühen Griechenland geschah zu einer Zeit, die noch als männlich dominiert angesehen werden kann. Wie passt das zur Behauptung, dass die Demokratie eine weibliche Organisationsform sei?

Auf den ersten Blick gar nicht. Es gibt aber in der sexuellen Ausrichtung einen Unterschied zwischen dem Griechenland der Antike und den mittelalterlichen Gesellschaften: Homosexualität war in der griechischen Gesellschaft wesentlich weiter verbreitet als im Mittelalter und war vor allem auch gesellschaftlich akzeptiert, ja, sie gehörte sogar zur Sozialisation und prägte in nicht geringem Maße die Kultur. Sie könnte auch die Gesellschaftsform beeinflusst haben. Das ist unbewiesen und dürfte schwer zu beweisen sein, einfach, weil sich homosexuelle Verhaltensweisen eben nicht so leicht klassifizieren lassen wie die von heterosexuellen Frauen und Männern. Vielmehr gestatten sich Homosexuelle eine eigene Wahl ihrer Verhaltensweisen.

Es gibt jedoch Hinweise, dass homosexuelle Männer weniger mit dem konventionellen männlichen Verhaltensmuster konform gehen als heterosexuelle Männer (Bailey & Zucker, 1995). Daher könnten homosexuelle Männergemeinschaften sich frei gefühlt haben, auch frauentypische Verhaltensweisen zu kultivieren, so eben die Bildung von Netzwerken und die Stutenbissigkeit. Einige Hinweise in griechischen Mythen auf weibliche Verhaltensweisen von Männern könnten dafür sprechen: die Kastration des Uranos durch Kronos (Männer schrecken vor so etwas zurück, Frauen nicht), die Unversöhnlichkeit des Apoll nach dem Wettstreit mit Marsyas, die des Achill nach dem Kampf mit Hektor (Männer zollen ihren Gegnern Respekt, ordnen sich nach einer Auseinandersetzung entsprechend in die Hierarchie ein – Frauen vernichten ihre Gegnerinnen), der Transvestitismus des Herakles und des Achill (spricht für sich), die Eroberung Trojas durch List statt durch offenen Kampf (Frauen kompensieren gern physische Unterlegenheit durch List).

Zu der These würde das Auftreten so merkwürdiger Erscheinungen wie der des Scherbengerichts passen, des Ostrakismos, das in Athen und anderen griechischen Städten benutzt wurde, um Bürger, die zu mächtig wurden, beizeiten zu verbannen. Selbst Themistokles, den Sieger von Salamis, ereilte dieser „Dank" des Vaterlandes. Das ist ein Beispiel für Stutenbissigkeit.

Auf einer höheren Ebene manifestierte sich die Stutenbissigkeit in der Konkurrenz einer Vielzahl griechischer Stadtstaaten, die sich gegenseitig argwöhnisch beäugten, so dass keiner von ihnen zu mächtig wurde. Das ging lange Zeit gut. Als schließlich im peloponnesischen Krieg 404 v.Chr. doch eine letzte Entscheidung zwischen Athen und Sparta fiel, wurde damit gleichzeitig das Ende der klassischen Epoche in Griechenland eingeläutet.

Man kann also die Spekulation wagen, dass in der klassischen Epoche Griechenlands auf begrenztem Raum für begrenzte Zeit ein genderspezifischer Einfluss der Homosexualität auf die Gesellschaftsform vorlag. Wenn es so wäre, hätten wir die Geburt der Demokratie im frühen Griechenland der dort seinerzeit gepflegten Homosexualität zu verdanken. Nur eine Hypothese, aber eine begründete. Mit dem Ende der klassischen Epoche in Griechenland endete die Demokratie, und auch die Homosexualität büßte ihre vorherrschende Rolle ein. Erst mit dem Erwachen der Weiblichkeit in der Menschheit, konnte die Demokratie wieder Fuß fassen und kam schließlich auch auf globaler Ebene an.

Die deutsche Parteienlandschaft

Pilgrim stufte vor dreißig Jahren die wichtigsten Politiker der Union als Muttersöhne ein (Pilgrim, 1986). Die Einstufung der wichtigsten Repräsentanten eines Kollektivs als Muttersöhne, kann als ein erster Versuch angesehen werden, einem Kollektiv Muttersohneigenschaften zuzusprechen. Wie bei Äußerungen mit Bezug zur Tagespolitik nicht anders zu erwarten, wurde die Aussage politisch gewertet, zumal die Formulierungen polemisch getönt waren. Sie rief bei der Union seinerzeit Belustigung hervor – eine Abwehrreaktion, die unnötig war. Der Begriff des Muttersohnes muss ja nicht notwendigerweise negativ besetzt sein.

Die SPD hingegen wurde von Pilgrim als eine Partei der Vatersöhne eingestuft (Pilgrim, 1993). Die SPD ist die älteste der deutschen parlamentarischen Parteien und hat damit eine gewisse Priorität. Folgt man Pilgrims Klassifizierung der Parteien als einer Hypothese, so kann man in der Geschichte von SPD und Union einen zweimaligen Esau-Effekt feststellen (Liegener, 2016b): „Zwei der drei Kanzler der SPD wurden von der Union durch ein konstruktives Misstrauensvotum angegriffen (einmal ohne, einmal mit Erfolg), kein Kanzler der Union durch die SPD. Der Muttersohn versuchte, dem Vatersohn seinen Status zu rauben." Der Status der SPD als Regierungspartei zusammen mit ihrer historischen Priorität verlieh der SPD einen gewissen Nimbus, der bei der Union den Esau-Effekt auslöste. Die Priorität konnte man der SPD zwar nicht entreißen, die Regierungsgewalt aber schon. Eine Übersprunghandlung.

Ganz unabhängig davon, wie man zu Pilgrims Einschätzung steht, sie ist nicht mehr aktuell. Die Situation hat sich inzwischen geändert (Stand 2016); die Union ist weiblicher geworden. Neben Kanzlerin Angela Merkel, werden als Kronprinzessinnen in der Union hauptsächlich Frauen gehandelt: Julia Klöckner, Ursula von der Leyen und Annegret Kampp-Karrenbauer. Was auch immer die Union vorher gewesen sein mag, in ihrem jetzigen Zustand ist sie jedenfalls keine Partei von Muttersöhnen.

Das Weiblich-Werden der Union passt zur Theorie einer weiblich werdenden Welt. Wenn die Union sich von einem männlichen Zustand zu einem weiblichen gewandelt hat und es sich vorher um einen Muttersohn gehandelt haben sollte, könnte man erwarten, jetzt eine Muttertochter vorzufinden. So einfach ist die Sache jedoch nicht. Zu stark ist die Union von ihren Patriarchen geprägt, sowohl als Kollektiv, als auch persönlich. Ob Muttertochter oder Vatertochter – hier muss kein Pauschalurteil gefällt werden. Jedenfalls liegt der exemplarische Fall vor, dass sich offenbar ein kleineres Kollektiv als die Menschheit in seiner Gesamtausrichtung bereits transgenderisiert hat.

Die SPD spielt derzeit wieder einmal die Rolle des Juniorpartners in der Großen Koalition. Es ist die klassische Rolle des Vatersohnes gegenüber dem Muttersohn nach dem Esau-Effekt. Da die Union spätestens jetzt nicht mehr muttersohnartig ist, dürften auch die Rollen in der Koalition nicht zementiert sein.

In allen im Bundestag vertretenen Parteien sind in den Vorständen Frauen anteilsmäßig gleich stark wie Männer berücksichtigt. Man kann feststellen, dass der Trend zu einer weiblichen Welt auch an der deutschen Politik nicht vorbeigegangen ist. In vielen Ländern auf der ganzen Welt ist es ähnlich, in einigen wenigen Ländern steht diese Entwicklung noch an.

Durch die Flüchtlingskrise strömten der AfD (Alternative für Deutschland) zahlreiche Wähler zu. Es handelte sich schlicht um einen Zufall. Die Krise war nicht vorhergesehen worden und die Aussagen der AfD dazu erhielten erst mit der Zeit eine zentrale Rolle im Programm dieser Partei. Anfangs war es nur ein Thema unter vielen. Die AfD strebte seinerzeit in weitem Bogen eine alternative Politik an, die nicht immer scharf umrissen wurde, aber offenbar Aspekte enthielt, die viele Menschen ansprachen. Da könnte man zum Beispiel den Ruf nach Basisdemokratie nennen, ferner die Ablehnung einer zu starken Zentralisierung der europäischen Politik. Letztere Themen spiegeln Trends der Zeit wider, die man als Zeichen einer weiblich werdenden Welt interpretieren könnte. Darin könnte ein weiterer Grund für den derzeitigen Erfolg der AfD liegen. Die anderen Parteien haben nun die Möglichkeit, darauf zu reagieren. Der Zug ist noch nicht abgefahren. Nur zögerlich allerdings geht man in sich, folgt stattdessen dem ersten Impuls, die Gegner zu diskreditieren. Die neue Bewegung mit der abwertenden Bezeichnung „Rechtspopulisten" zu belegen, greift aber zu kurz und verkennt ihre Komplexität. Sie spricht eben nicht nur „Rechte" an (Munzinger & Brunner, 2016). Viele ihrer Wähler wählen sie nicht wegen, sondern trotz der gelegentlichen Entgleisungen ihrer Vertreter.

Die Entstehung neuer Parteien wird stets von Skepsis begleitet. Das war anfangs bei den Grünen so, erst recht bei der Linken; es ist jetzt so bei der AfD. Es ist das übliche Phänomen, das auftritt, wenn jemand neu zu einer Gruppe hinzukommt und ein Stück vom Kuchen abhaben will. Man reagiert mit Revierverteidigung. Verständlich, aber kontraproduktiv, kann doch der Neuzugang die Gruppe bereichern. Mehr Auswahl bedeutet mehr Demokratie, vorausgesetzt, die Parteien stehen auf dem Boden der Verfassung. Das gilt unabhängig von jeglicher Wertung der neuen Partei. Mehr Demokratie heißt aber wiederum, einen weiteren Schritt in Richtung einer weiblichen Welt zu gehen.

Wertewandel

Ein so tiefgreifender Wandel wie die Transgenderisierung der Menschheit erschüttert die Gesellschaft in ihren Grundfesten. Es gibt kaum etwas, das sich nicht ändert. Das gilt auch für die gesellschaftlichen Werte.

Der Begriff „Wertewandel" wurde bereits vor einiger Zeit geprägt und bezieht sich nach Inglehart auf Entwicklungen der westlichen Welt zwischen Mitte der sechziger und Ende der siebziger Jahre (Inglehart, 1977, 1995). Er beobachtete einen Wandel von materialistischen zu postmaterialistischen Werten. Materialistische Werte sah er in körperlichem Wohlergehen, Sicherheit und Unversehrtheit. Postmaterialistische Werte wären dann solche, die eine über das Materielle, über das Existenzielle hinausgehende Lebensqualität beträfen, Werte wie Glück, Gesundheit, Geselligkeit, geistige Beschäftigung. Begründet wurde der Wandel von materialistischen zu postmaterialistischen Werten damit, dass nach dem Krieg der Mangel und die Bedrohung, die das Bedürfnis nach materieller und existenzieller Sicherheit hervorgerufen hatten, weggefallen waren – es ging nicht mehr primär ums Überleben. Infolgedessen konnte man sich jetzt auf die darüber hinausgehenden Werte konzentrieren.

Krieg und Frieden in der Welt wurden für die Erklärung des Wertewandels herangezogen, aber Krieg und Frieden gab es auch schon früher in der Geschichte. Man kann auch eine andere Erklärung für den Wertewandel anführen, nämlich mittels der These von der weiblich werdenden Welt. Die materialistischen Werte sind die, an denen sich Männer orientieren. Der handfeste Kampf um die materielle Existenz wurde seit jeher hauptsächlich von den Männern ausgefochten. Dagegen sind die postmaterialistischen Werte gerade die von Frauen gepflegten. Männer sicherten das Heim, Frauen machten es wohnlich. Bei den postmaterialistischen Werten geht es um die „kleinen" Dinge, um Gefühle, Werte, die man nicht mit Gewalt erringen kann, für die aber Frauen ein Händchen haben. Also spiegelt der Wandel von materialistischen zu postmaterialistischen Werten den Wandel von männlichen zu weiblichen Werten, vom Muttersohn zur Muttertochter wider.

Sind nun Krieg und Frieden Ursache des Wertewandels oder die Transgenderisierung der Menschheit?

Beides. Es ist oft so in der Psychologie: Innere Entwicklungen passen wie zufällig mit äußeren Ereignissen zusammen, weil die innere Entwicklung die Wirkung der äußeren Ereignisse beeinflusst.

Es gibt noch andere Arten, den Wandel, der uns begleitet, zu charakterisieren. Beschrieben wurde er auch als der Wandel der industriellen zur postindustriellen Gesellschaft, der sogenannten Informationsgesellschaft. Sah man in der präindustriellen

Agrargesellschaft noch die Ländereien als die Ressourcen an, so spielten in der Industriegesellschaft die Fabriken und Konzerne diese Rolle. In der Informationsgesellschaft entpuppt sich das Wissen der Menschheit als die neue Ressource (Bell, 1973). Das enorm anwachsende Wissen kann nur durch weltweites Teamwork bewältigt werden. Das wiederum lässt sich nur durch umfassende Kommunikation bewerkstelligen. Frauen sind im Allgemeinen um Längen kommunikativer als Männer – die Informationsgesellschaft ist vom Grundsatz her bereits weiblich angelegt.

Während in der industriellen Gesellschaft Spannungen zwischen dem Kapital (Eigentum an Produktionsmitteln) und den produzierenden Arbeitern entstanden, finden soziale Konflikte in der postindustriellen Gesellschaft zwischen der politisch-wirtschaftlichen Führung und den Abhängigen statt (Touraine, 1972). Es ist der Kampf um eine vollständige Demokratisierung der Welt. Er wird wohl in die hinlänglich bekannte Stutenbissigkeit münden.

Die Produktion wird weitgehend automatisiert werden. Wachstum, heute noch Credo der Wirtschaft, wird nicht mehr gebraucht werden. Was tun die Menschen dann?

Nach Bell überflügelt in der postindustriellen Gesellschaft die Dienstleistungswirtschaft die produzierende Wirtschaft

(Bell, 1973). Dienstleistungen werden als tragende Säule der Gesellschaft anerkannt werden. Damit einhergehen wird die zunehmende Wertschätzung von Frauenberufen.

Empathie, Emotionen, Mitmenschlichkeit

Menschen reden miteinander – das unterscheidet sie von Tieren. Ein Gender-Klischee besagt: Frauen reden mehr als Männer.

Eine nicht namentlich bekannte Frau soll dazu gesagt haben: „Das liegt an der Begriffsstutzigkeit der Männer. Wir müssen mehr reden, weil wir alles dreimal erklären müssen." In Wirklichkeit reden Frauen und Männer gleich viel (Mehl, Vazire, Ramírez-Esparza, Slatcher, & Pennebaker, 2007). Aber sie reden über verschiedene Dinge.

Dazu gibt es ein weiteres Klischee. Es lautet: Die Frau redet am liebsten über Gefühle und ihre Mitmenschen, der Mann redet am liebsten über sich selbst und seine Erfolge.

Daran findet sich nun allerdings mehr als ein Körnchen Wahrheit. Tests an Babys zeigten, dass Frauen von Geburt an stärker zur Empathie neigen als Männer (Baron-Cohen, 2004). Frauen speichern emotionale Inhalte besser als Männer (Spalek et al., 2015). Umgekehrt scheinen Männer Leistung sehr wichtig zu nehmen (Frerichs, 1997, S.130). Demnach werden in einer weiblichen Zukunft Empathie, Emotionen und Mitmenschlichkeit zunehmen, man wird sich mehr für die Menschen interessieren und Leistung weniger wichtig nehmen.

Emotionen, Gefühle spielen inzwischen überall eine größere Rolle, sogar in der Politik. Die Einsicht hat sich durchgesetzt, dass man weiter kommt, wenn man versucht, den Standpunkt des Opponenten zu verstehen, anstatt auf Konfrontation zu setzen. Ein Beispiel ist die Verständigungspolitik Stresemanns in den 20er Jahren des letzten Jahrhunderts. Wenn man beim ehemaligen Gegner Angst diagnostiziert, wäre es kontraproduktiv zu drohen. Vielversprechender war in dem Fall, dem Anderen die Angst zu nehmen und Zugeständnisse zu machen.

Lange waren Emotionen in der Politik verpönt. Das ging auf die platonische Dichotomie von Emotionalität und Rationalität zurück. Man glaubte, Emotionen stünden im Gegensatz zu vernünftigen Entscheidungen, würden diese gefährden. Emotionen anzuheizen, wurde der Demagogie zugerechnet und als unseriös angesehen. Erst in der jüngeren Vergangenheit wird Emotionen eine konstitutive Rolle in der Politik zugestanden (Korte, 2015). Sie werden nicht nur eingesetzt, sondern haben sogar steuernde Funktion wie Merkels berühmtes: „Wir schaffen das."

Diese Entwicklung birgt eine gewisse Gefahr. Emotionen können nicht immer kontrolliert werden. Entscheidungen nach Grundsätzen der Vernunft können an Fakten geprüft werden, bei Emotionen entfällt das. Ein Sicherheitsnetz stellt dann nur noch das Kriterium der Mitmenschlichkeit dar.

Dennoch, der Trend zur Emotionalität dürfte nicht aufzuhalten sein. Das bestätigt auch die Gesellschaft für deutsche Sprache (GfdS) durch die Wahl des Wortes „postfaktisch" zum Wort des Jahres 2016. „Sie richtet damit das Augenmerk auf einen tiefgreifenden politischen Wandel. Das Kunstwort *postfaktisch*, eine Lehnübertragung des amerikanisch-englischen *post truth*, verweist darauf, dass es in politischen und gesellschaftlichen Diskussionen heute zunehmend um Emotionen anstelle von Fakten geht." (GfdS, 2016)

Mitmenschlichkeit hat auch im Strafvollzug Einzug gehalten. Unmenschliche Strafen sind in den letzten Jahrhunderten abgeschafft worden. Die Resozialisierung der Täter hat Vorrang vor der Strafe. Der Täter wird, auch wenn er unmenschlich gehandelt hat, als Mensch gesehen und so behandelt. Im Mittelpunkt steht die Fürsorge für den Gescheiterten.

Fürsorge für sozial Schwächere ist ein weiblicher Zug, genannt prosoziale Dominanz (Bischof-Köhler, 2011). Sie hatte sich in Frauengruppen entwickelt; für lange Zeit galt sie als eine der wenigen Gelegenheiten für Frauen, sich auf friedliche und bescheidene Weise wichtig zu machen zu dürfen. (Ja, auch Frauen brauchen Anerkennung).

Selbst in der Wirtschaft wird Mitmenschlichkeit in den Vordergrund treten. Gekauft werden wird nur noch bei Firmen, die ihre Mitarbeiter gut behandeln. Da ergeben sich viele Möglichkeiten. Frauen werden so lange in eine Mutterschaftspause gehen können, wie sie wollen; sie werden auf Wunsch auch in Teilzeitbeschäftigungen wieder starten können. Die Bezahlung wird nicht mehr Thema sein, da in einer weiblichen Welt Fürsorge staatlich geregelt sein wird. Das hat weitere Konsequenzen. Der Zeitpunkt des Eintritts in den Ruhestand wird von den Betreffenden selbst gewählt werden können. Die Finanzierung der Rente wird kein Problem sein. Nicht nur automatisierte Produktion wird den Wohlstand der Massen sichern. Hinzu kommt, dass der Mechanismus der Stutenbissigkeit für eine ausgewogene Besitzverteilung sorgen wird. Das Geld wird sich nicht mehr bei einigen wenigen sammeln, es wird, solange es überhaupt noch gebraucht wird, in ausreichender Menge für die Gemeinschaft da sein. Der Vorschlag eines bedingungslosen Grundeinkommens für alle ist aufs Tapet gebracht worden (Vanderborght & Van Parijs, 2005). Seine Realisierung könnte bevorstehen. In Kanada und Namibia gab es erste Versuche. Bei einer ersten Volksbefragung in der Schweiz stimmten immerhin 22% dafür. In Finnland soll das bedingungslose Grundeinkommen ab 2017 an einer Gruppe von 2000 Personen getestet werden. Andere Länder diskutieren Ähnliches.

Zur ausgewogenen Besitzverteilung gehört, dass horrende Vermögensunterschiede verschwinden. Sie sind Überbleibsel eines Systems, das nahe an einem menschenverachtenden Kapitalismus war, und kennzeichnen jene Leistungsgesellschaft, die in einer weiblichen Welt ausgedient haben wird. Vermögensungleichheiten werden abgeschmolzen. Offene Enteignungen kommen nicht in Frage. Zu kläglich ist der Kommunismus damit gescheitert.

Das wäre auch nicht weiblich gedacht – nicht subtil genug. Der Weg ist ein anderer und er öffnet sich gerade: Selbst geringste Inflationsraten können bei einer Null-Zins-Politik wie der gegenwärtigen zu einer negativen Realverzinsung von Vermögen führen. Das hat für normale Vermögen kaum einen Effekt, schlägt aber in absoluten Beträgen desto mehr zu Buche, je größer das Vermögen ist. Ein weiterer Effekt kommt hinzu: Negative Realzinsen lassen die immense Staatsverschuldung auf die Dauer schwinden. Insgesamt ergibt das eine Umverteilung der Vermögen vom Einzelnen auf die Gemeinschaft. Diese gegenwärtige Konstellation (Stand 2016) wird wahrscheinlich nicht ewig vorhalten, könnte aber Hinweis auf zukünftige Entwicklungen sein. Hohe Inflationsraten (sie werden irgendwann wieder kommen) wären eine andere Möglichkeit zur schleichenden Enteignung.

Keiner hat diese Art der Enteignung großer Vermögen geplant. Die gängige Folklore besagt vielmehr, dass eine bewusste Beeinflussung des Marktes unmöglich sei.

Ob möglich oder nicht, in jedem Fall dürfte es schwer sein, den Markt bewusst zu beeinflussen. Eine unbewusste Einflussnahme durch das Wollen der sich transgenderisierenden gesamten Menschheit liefe aber von selbst ab, ohne Planung, ohne einen einzelnen Urheber. Feedback-Schleifen werden durchlaufen und führen zu den gewünschten Effekten. Die Enteignung großer Vermögen wird womöglich auf eine Weise vor sich gehen, die so komplex ist, dass wir sie nicht durchschauen werden. Wir werden sie als unabänderlich erleben. Man wird sagen: Das ist eben der Markt, wir können nichts dagegen tun.

Mehr wird geschehen. Nicht nur die bestehenden Vermögen, auch die Gehälter werden angeglichen werden. Die abartigen Gehaltsunterschiede der muttersohngeprägten Hierarchien werden abgeschafft werden. Eine Deckelung von Managergehältern ist in Deutschland und anderen Ländern im Gespräch. In Israel wurde bereits eine Gehaltsobergrenze für Bankmanager eingeführt: Sie dürfen maximal 35-mal so viel verdienen wie die/der am schlechtesten bezahlte Mitarbeiter/in der Bank. Das ist immer noch viel, aber immerhin gedeckelt. Utopische Gehaltsunterschiede, wie sie derzeit bei uns noch üblich sind, entsprechen nicht gleichermaßen utopischen Leistungen der Gehaltsempfänger, sondern sind Ausdruck gewachsener Machtstrukturen. Die, die oben stehen, kassieren. Wer das ist, bestimmt zum großen Teil der Zufall; zu einem gewissen Teil dürfte es einem zweifelhaften machtpolitischen Geschick geschuldet sein; und zu einem nur sehr kleinen Teil ist es tatsächlich auf Leistung zurückzuführen, die jedoch in keinem Verhältnis zu den astronomischen Gehältern steht. Solche fatal falschen Leistungsmaßstäbe würden verschwinden, wenn Leistung nicht mehr überbewertet würde. Das würde das Betriebsklima verbessern, da die Gefühle der unterbezahlten Mitarbeiter nicht mehr mit Füßen getreten werden würden.

Das Scheitern des Kommunismus

Mitmenschlichkeit wird das männliche Erfolgsstreben ersetzen. Die Konsequenz: Leistung und Erfolg werden in einer weiblichen Welt nicht mehr ausschlaggebend sein. Das Geld wird nicht mehr die Rolle spielen, die es jetzt spielt. Weiterentwickelte Sozialsysteme werden dafür sorgen, dass keiner Not leiden muss. Vieles davon hört sich an wie das Programm des Kommunismus. Kann das gutgehen?

Bekanntlich ist der Kommunismus bei seiner Umsetzung in der realen Welt gescheitert. Allerdings kennt man inzwischen die Gründe seines Scheiterns. Es lag am Diktat der Planwirtschaft einerseits und der Einschränkung der persönlichen Freiheit andererseits. Das war noch muttersohnähnlich: die Rechte anderer einzuschränken, um die eigenen Ideale durchzusetzen. Zwang ist typisch für den Muttersohn. So war die Menschheit damals. Die Muttertochter geht anders vor. In der muttertochterähnlichen Gesellschaft entwickelt sich der Zeitgeist von selbst. Neue Mehrheiten entstehen. Man braucht einfach nur abzuwarten. Das kollektive Unbewusste entfaltet seine Kraft, ohne dass bewusstes Zutun nötig wäre.

Die Planwirtschaft wird nicht wiederkommen. Planwirtschaft ist das Gegenteil von dem, was Frauen wollen. Die Stärke der Frauen ist Spontaneität, nicht Planung. Männliche Hierarchien sind zentral regiert, weibliche Netzwerke selbstorganisiert, dezentral strukturiert. Die weibliche Welt unterscheidet sich erheblich von der des seinerzeit real existierenden Sozialismus.

Ein weiterer Grund für das Scheitern des real existierenden Sozialismus wurde im geringeren Lebensstandard der entsprechend regierten Länder gesehen. Nicht nur die Planwirtschaft war schuld, sondern auch die geringere Leistungsbereitschaft in einem System, in dem Geld nur noch eine untergeordnete Rolle spielen sollte.

Wenn in der weiblich werdenden Welt Konkurrenz und Leistungsdruck wegfallen, wird wohl der Lebensstandard sinken. In Maßen zwar, aber dennoch, so wird es wohl kommen. Der springende Punkt ist indes, dass der Lebensstandard gar nicht mehr die Rolle spielen wird, die er heute spielt. In einer weiblichen Welt werden die Menschen mit dem kleinen Glück zufrieden sein. Das Materielle wird nicht mehr Maß aller Dinge sein, die postmaterialistischen Werte werden die materialistischen ablösen. Es könnte tatsächlich möglich werden, die Zufriedenheit aller Menschen zu erreichen, ohne dafür die Natur auszubeuten. Das wird sich allerdings nicht verordnen lassen. Es muss langsam von sich aus reifen.

Einige der Ideale des Kommunismus werden in einer weiblichen Welt verwirklicht werden, lediglich ohne das Brimborium einer Ideologie. Kommunistische Ideale nach dem Scheitern des Kommunismus – wie kann das sein? Kehrt der Kommunismus zurück?

Dazu Folgendes: Einerseits verläuft die Geschichte nicht so wie vom Marxismus-Leninismus vorhergesagt. Die Vorhersage, dass sich der Sozialismus mittels gewaltsamer Revolutionen etablieren würde, stimmte noch mit der Wirklichkeit überein. Jedoch führte die Auseinandersetzung mit dem Kapitalismus nicht zum Sieg des Sozialismus und zur Entstehung des Kommunismus wie erwartet, sondern zu seinem Niedergang. Die Theorie hatte noch einen Haken. Sie behauptete, dass der Kommunismus die finale Stufe der menschlichen Entwicklung sein würde. Das zu behaupten, war vermessen. Die Geschichte hat keinen Endpunkt, jedenfalls keinen, den wir vorhersehen könnten. Die Evolution bleibt nicht einfach stehen. Da sie zufallsgesteuert ist, kann keiner wissen, wohin der Mensch sich in Millionen von Jahren noch entwickeln wird und wie er dann organisiert sein wird. Die ursprüngliche Theorie des Marxismus-Leninismus muss heute in der Form, in der sie vorlag, anmaßend wirken, muttersohnartig, mangelbehaftet.

Andererseits spricht etwas für die ihr zugrunde liegende Dialektik. In der tatsächlich ablaufenden Entwicklung kann man einen dialektischen Dreischritt erkennen. In diesem Szenario wäre der real existierende Sozialismus nur eine Zwischenstufe der Entwicklung, die These. Die Theorie des Marxismus-Leninismus war in der Prognose der revolutionären gesellschaftlichen Prozesse muttersohngeprägt. In der muttersohnartigen Welt erfüllten sich daher ihre Prognosen erstaunlich gut: Die Gärung als Folge von gesellschaftlichen Schieflagen führte zum gewaltsamen Ausbruch. Das entsprach der männlichen Welt und passte sowohl bei der Französischen Revolution als auch bei der russischen genau ins Schema der Theorie.

Das Scheitern des real existierenden Sozialismus andererseits korrelierte mit dem Wandel der muttersohnartigen Welt zu einer muttertochterartigen. Nicht nur, dass die Inkongruenz der Theorie mit der wirklichen neuen Welt immer stärker zutage trat, verstärkt wurde der Konflikt dadurch, dass die leninistischen Vorstellungen von der Bevormundung des Proletariats durch den Kader (Lenin, 1981) mit dem Streben der weiblich werdenden Welt nach stärkerer Demokratisierung kollidierten. Dieser Wandel der Menschheit war von Marx, Engels und Lenin nicht vorhergesehen worden. Das Scheitern des real existierenden Sozialismus war im dialektischen Dreischritt die Antithese. Der reflexartige Impuls der Gesellschaft, gegen den Zwang einer diktierten Ideologie zu rebellieren, löste die Herrschaft der Funktionäre durch die Demokratie ab.

Es wird auf eine Synthese hinauslaufen: In der Demokratie können sich einige – eben die besten – der alten Ideen weiterentwickeln und zusammen mit neuen Ideen ohne gewaltsame Revolution friedlich verwirklicht werden. Was gut ist, setzt sich irgendwann von allein durch, ohne Zwang. Jedenfalls in der weiblichen Welt. Eine Ideologie wird nicht gebraucht. Eine Ideologie gibt das trügerische Gefühl, im alleinigen Besitz der Wahrheit zu sein, und verführt dazu, sich zur Anwendung von Zwang berechtigt zu fühlen. Das ist muttersohnartig, das ist überholt. Die Geschichte selbst wird den Wandel bewirken.

Fazit: Die nächstfolgende Gesellschaftsform wird wohl nicht Kommunismus heißen, aber auf indirektem Weg von ihm beeinflusst sein. Wichtig ist, was Wirklichkeit wird, nicht, wie es genannt wird.

Das Ende des Kalten Krieges

Die mögliche Selbstzerstörung der Menschheit rückte im Kalten Krieg unübersehbar in den Fokus. Unvergessen bleibt der 26. September 1983, als Oberstleutnant Stanislaw Jewgrafowitsch Petrow von der Roten Armee im Luftverteidigungszentrum Serpuchow-15 die Meldung eines westlichen Raketenabschusses als Fehlalarm einstufte und den eigentlich vorgeschriebenen Gegenschlag durch Start der sowjetischen Raketen nicht vornahm. Hätte er die Raketen gestartet, so hätte der Westen ebenso reagiert und alles wäre zu Ende gewesen – der nukleare Holocaust wäre Wirklichkeit geworden.

Pikant dabei ist: Wie Petrow später erzählte, wurde seine Entscheidung nicht von dem Gedanken beeinflusst, dass er mit einem Abschuss für die Vernichtung der Menschheit verantwortlich geworden wäre, sondern von der Befürchtung, einen sachlichen Fehler zu machen, den er aus der Faktenlage zu erkennen glaubte. Er hielt einen einfachen Abschuss einer westlichen Rakete anstelle einer Serie für unwahrscheinlich. Wäre er sicher gewesen, dass es sich um einen echten Raketenabschuss der Amerikaner gehandelt hätte, so hätte er ohne zu zögern den Knopf gedrückt. So lautete der Befehl, und Befehle werden in einer männlichen Hierarchie befolgt.

Das war typisch für die männliche Welt und hätte leicht daneben gehen können. Eine Frau hätte aus Prinzip nicht einen

Atomkrieg in Gang gesetzt. Ein anderer Mann hätte vielleicht die Faktenlage anders interpretiert und auf den Knopf gedrückt. Damals hatten wir nur Glück gehabt.

Wie konnte es so weit kommen?

In der atomaren Aufrüstung des Kalten Krieges hatten die USA mit dem SDI-Programm zu erkennen gegeben, dass sie es für möglich hielten, einen atomaren Angriff auf ihr Land abzuwehren und somit einen globalen Atomkrieg zu führen. Das zeigt: Auch aus reinen Verteidigungsstrategien kann im Falle eines Kräftegleichwichts eine Gefahr entstehen. Hinzu kam, dass die NATO gerade das Manöver Able Archer 83 durchführte, das einen Atomkrieg simulieren sollte. Das war von den Sowjets als Hinweis auf die Einleitung eines Erstschlags gedeutet worden; sowjetische Szenarien hatten so etwas prognostiziert. Die ins Ungeheure gesteigerte Bedrohungslage führte zu fast schon paranoiden Verhaltensweisen.

Nicht zum ersten Mal schrammte die Menschheit damals knapp am Dritten Weltkrieg vorbei. Schon während der Kuba-Krise hätte ein sowjetisches U-Boot um ein Haar ein Atomtorpedo abgeschossen. Es hatte zu diesem Zeitpunkt keinen Kontakt nach Moskau und es wurde von amerikanischen Zerstörern in die Enge getrieben. Drei Offiziere an Bord mussten eigenständig entscheiden. Zunächst äußerte sich nur einer von ihnen,

Wassili Alexandrowitsch Archipow, gegen den Abschuss. Er konnte jedoch einen Aufschub bis zur Klärung mit Moskau erwirken.

Auch die USA hatten ihre Fehlalarme, den letzten 1980 durch einen defekten Computerchip.

Von den USA ist ferner bekannt, dass sie öfter mal aus Versehen einen Atomsprengkopf fallen ließen, glücklicherweise, ohne dass es zur Detonation der Nuklearladung kam, so auch in Deutschland, unter anderem am 22. Februar 1970 in Böttingen bei der Wartung einer Pershing-Rakete. Schlamperei, kompensiert durch technisches Versagen. Minus mal Minus ergibt Plus. Kein Wunder, dass die Sowjets nervös wurden.

Im Kalten Krieg brach das instinktive männliche Drohverhalten unserer tierischen Vergangenheit hervor. Im Tierreich evolutionär entwickelt, um die tatsächliche blutige Auseinandersetzung bei Machtkämpfen zu vermeiden, wurde beim Menschen aus der Zurschaustellung von Stärke der Aufbau einer Drohkulisse, die glaubhaft wirken musste. Die Menschen gingen noch einen Schritt weiter als die Tiere. Man ließ absichtlich ein Risiko entstehen, das beide Seiten in ihrer Existenz bedrohte, man ging gemeinsam auf den Abgrund zu und hoffte, dass der Gegner mehr Angst haben würde als man selbst. Ein Spiel mit der Angst, eine Mutprobe.

Dieses Brinkmanship genannte Spiel ist eine Variante des verbreiteten Chicken Game, das mit Autos gespielt wird. Zwei Autos rasen frontal aufeinander zu – wer als erster ausweicht, hat verloren. Das Chicken Game hat fast jeder (männliche) Autofahrer schon einmal in abgemilderter Form gespielt, wenn er an einer Straßenverengung einem anderen Fahrzeug begegnet ist. Keiner hält an. Im Gegenteil, man gibt Gas, weil man sich einbildet, dass zuerst fahren dürfe, wer zuerst da wäre, egal, auf wessen Seite das Hindernis ist. Der Andere macht das Gleiche. So treffen sich beide mit vollem Tempo an der Engstelle und – zack! – schon hat es die Außenspiegel erwischt. Dann wird es erst richtig interessant. Es ist erstaunlich, was der andere Fahrer für absurde Gründe anführt, weshalb er Vorrang gehabt haben sollte. Selbst minimale Steigungen von 0,01 Prozent werden geltend gemacht und obskure Gefälleregeln zitiert, die in keiner Straßenverkehrsordnung stehen. Und warum ist man selbst gefahren?

Man(n) wollte nicht nachgeben. Es liegt einfach in der Natur des testosterongesteuerten Mannes.

Frauen passiert das nicht.

Wenn die Stelle ersichtlich zu eng ist, um sich aneinander vorbeizudrängen, kann es dazu kommen, dass beide kurz vor dem Zusammenstoß abbremsen. Dann stehen sich die Autos frontal gegenüber, man steigt aus (so weit kommt es wieder nur bei Männern) und der Streit setzt sich verbal fort. Manche Autofahrer sollen bei so einer sinnlosen Diskussion schon Stunden vergeudet haben. Und das, weil sie sich ursprünglich ein paar Sekunden Wartezeit ersparen wollten! Die Situation kann sogar noch eskalieren: Gewalttätigkeiten sind nicht ausgeschlossen. Dieses Gerangel muss als typisch männlich angesehen werden und ist fast so alt wie die Menschheit. Man kennt es schon aus alten Sagen. Bekanntlich sollen Laios und Ödipus bei einer derartigen Begegnung ihren tödlichen Konflikt ausgetragen haben.

Beim Chicken Game einseitig für sich selbst die Gefahr zu bannen, verstößt gegen die Regeln. Das SDI-Programm war solch ein Regelverstoß. Es war, als ob man mit einem Panzer gegen ein Auto angetreten wäre. Das gehört sich nicht. Natürlich reagierte die Sowjetunion angesäuert.

All diese Spiele, hauptsächlich von Männern gespielt, haben den Nachteil, dass sie außer Kontrolle geraten können. Die Drohungen werden in dem Maße umfassender, wie die Entschlossenheit der Kontrahenten steigt, die Rationalität abnimmt. Ein Teufelskreis, in den eine männliche Menschheit jederzeit wieder hineinstolpern könnte. Trotzdem sieht es im Augenblick nicht danach aus. Der Kalte Krieg ist erst einmal vorbei. Das könnte ein weiteres Anzeichen der beginnenden Transgenderisierung der Menschheit sein, da ja der Kalte Krieg typisch männlich war.

Man kann sogar sagen, dass die Transgenderisierung der Welt nicht nur den Kalten Krieg beendet hat und in Zukunft verhindern wird, sondern dass sie schon für die vorhergehende Abrüstung verantwortlich war.

In der Tat hatten weibliche Verhaltensmuster dazu geführt: Die Abrüstung funktionierte nach dem Prinzip des „gutmütigen Tit for Tat" (Axelrod, 2009). Diese Strategie, auch „Tit for Two Tats" genannt, ist die optimale Strategie beim iterierten Gefangenendilemma. Sie beruht auf dem Prinzip „Tit for Tat" (Wie du mir, so ich dir), also darauf, dass jede Feindseligkeit durch Feindseligkeit, jede Freundlichkeit durch Freundlichkeit vergolten wird, wobei der Möglichkeit von Missverständnissen dadurch Rechnung getragen wird, dass eine Feindseligkeit mit einer gewissen Wahrscheinlichkeit auch verziehen werden kann (Gutmütigkeit) und erst bei Wiederholung (two tats) feindselig reagiert wird. Die Gutmütigkeit lässt sich dabei nicht vorhersagen.

Diese Strategie hat sich als wirkungsvoll bei der Deeskalation des männlichen Wettrüstens erwiesen. Das Bemerkenswerte ist nun eben, dass diese Strategie als durch und durch weiblich gelten kann. In männlichen Hierarchien war und ist es unüblich, Gleiches mit Gleichem zu vergelten. Im Gegenteil, die aus dem Tierreich übernommenen Unterwerfungsrituale (man kann an die Hackordnung denken) verlangten vom Untergeordneten,

Übergriffe des Übergeordneten (das Hacken) ohne Gegenwehr zu tolerieren. Der Dominante war nicht gewohnt, Vergeltung zu fürchten, und konnte sich beliebig aufspielen. Nur unter Gleichberechtigten, eben in weiblichen Netzwerken, wie Demokratien es sind, war es notwendig und üblich, den Personen, mit denen man es zu tun hatte, das Prinzip der Gegenseitigkeit zu signalisieren. Weibliche Strategien ermöglichten es also, die Drohkulissen des Kalten Krieges abzubauen.

Natürlich hätten Frauen gar nicht erst solche Drohkulissen aufgebaut. Sie fechten ihre Kämpfe anders aus – ohne bombastische Drohungen. Stattdessen bevorzugen sie die kleine Plänkelei im Vorfeld. Was manchmal geringschätzig als „Gezicke" abgetan wird, dient dazu, Kräfteverhältnisse gleich zu klären, bevor sich zu großer Druck aufbaut. In der heutigen Politik kann man einen Hauch davon spüren. Bürgerkriege allenthalben, bei denen sich die Parteien mit Gewalt ihre Gebiete sichern, nicht durch Drohungen. Hybride Kriegsführung zwischen den Großmächten (z.B. in der Ostukraine und in Syrien), bei denen das Potential der Gegner auf begrenztem Gebiet handfest ausgetestet wird. So entwickeln sich Machtsphären, die nicht durch Drohungen, sondern durch Schaffung klarer Verhältnisse aufrechterhalten werden.

Schlimm genug. Und trotzdem: Statt der durchaus ernst gemeinten Drohung des Muttersohnes mit der Zerstörung der ganzen Welt, haben wir es jetzt mit der Selbstfindung der werdenden Muttertochter zu tun. Endlose Gefechte von zersplitterten Parteien – nicht gerade wünschenswert, aber wohl das kleinere Übel im Vergleich zur Vernichtung der ganzen Menschheit. Bonbonrosa wird auch die Zukunft der Muttertochter nicht werden. Leider.

Der Wandel der Welt ist nicht planbar. So war auch der Kalte Krieg nicht durch Appelle zu stoppen. Der bewusste Versuch weiter Teile der Bevölkerung, Einfluss zu nehmen, war seinerzeit gescheitert. Die Friedensbewegung gründete Bürgerinitiativen und veranstaltete Massendemonstrationen. Sie konnte trotz allem den NATO-Doppelbeschluss nicht verhindern. Erst nach der Beinahe-Katastrophe kam Bewegung in die Abrüstungsverhandlungen. So ist es immer wieder: Die Stimmen der Vernunft werden nicht gehört. Historische Entwicklungen bringen die Lösung, nicht Appelle.

Religion

Der Monotheismus wurde von der Menschheit in ihrer Muttersohnphase entwickelt. Man könnte ihn als Ergebnis der Suche nach einem Vaterersatz interpretieren. Das hört sich anthropozentrisch an, lässt sich aber auch aus theozentrischer Sicht aufrechterhalten: Gott, als eine dem endlichen Menschen nicht fassbare Macht, hätte – so die Hypothese – das kollektive Unbewusste der Menschheit wählen lassen, in welcher Gestalt sie ihn verehren will. Es sollte die Vaterfigur sein. (Herrlich parodiert im Film Ghostbusters: „Wähle!" Damals wurde es der Marshmallow-Mann.)

Auch die Muttertochter wird von Vatersehnsucht getrieben. Der Monotheismus mit der Verehrung eines väterlichen Gottes wird der Menschheit wohl erhalten bleiben. Was sich ändern wird, ist die Art, wie Religion gelebt wird. Nicht mehr das Rationale wird im Mittelpunkt stehen, sondern das Gefühlsmäßige; nicht mehr die Hierarchie, sondern die Gemeinde. Insofern wird Theologie als Wissenschaft an Bedeutung verlieren, ebenso die Kirchenorganisationen. Laien werden die Initiative ergreifen. Es wird weniger um Dogmen gehen, als um gelebten Glauben. Dieser Prozess der Wandlung der Religionsausübung hat bereits begonnen. Den Kirchen schwinden die Mitglieder. Andererseits gibt es in der ansteigenden Zahl der nicht in einer Religionsgemeinschaft Eingetragenen viele Menschen, die intuitiv durchaus gläubig sind, ohne sich aber in einer Kirche organisieren zu wollen (Fowid, 2014).

Weiblich ist ferner die zunehmende Verbundenheit mit Gleichgesinnten im Glauben, das Bedürfnis, Glauben in Gruppen zu zelebrieren. Nicht in elitären Zirkeln, nicht im Orden, sondern in losen Gemeinschaften. Keiner wird ausgeschlossen, der religiöse Hintergrund tritt hinter dem Gemeinschaftserlebnis zurück. Er ist Anlass, aber nicht mehr ausschließliches Thema. So wird Religion populär, ohne diktiert zu werden.

Das Weihnachtsfest ist ein Beispiel. Obwohl liturgisch seit dem 4. Jahrhundert anerkannt, wird Weihnachten erst ab dem 16. Jahrhundert in Deutschland zum beliebtesten Familienfest, wohl unter dem Einfluss Martin Luthers (Becker-Huberti, 1998). Im Verlauf der letzten Jahrhunderte steigerte sich die Popularität des Festes, bis es sich schließlich über die ganze Welt verbreitete. Es ist von einem Kirchenfest mit fragwürdiger Begründung zu einem Fest der Familientreffen geworden, einem Fest des Friedens und der Liebe. Der religiöse Anlass wird nur noch am Rande gestreift, man sucht zwischenmenschliche Harmonie und überbrückt sogar genderspezifische Diskrepanzen (Pease & Pease, 2012).

Die neue Kirche fordert weniger und gibt mehr. Die den Menschen über Jahrhunderte eingeredete und oft auch geglaubte Belastung durch die Erbschuld verblasst langsam. Im Mittelalter lebten die Menschen in einem permanenten von der Kirche geschürten Gefühl der Schuld und Angst. Heute stellt sich die Kirche anders dazu, spendet Mut, zeigt Verständnis, wirkt positiv. Toleranz hat dazu geführt, dass man auch anderen Religionen als der eigenen eine Daseinsberechtigung zugesteht. Niemand muss im Jenseits Konsequenzen befürchten, weil sie/er etwas Falsches geglaubt haben könnte. Das ist neu. Früher wurde man verbrannt, wenn man das Falsche glaubte.

Neben diesen Extremfällen kirchlicher Einflussnahme, gab es die subtile Einflussnahme durch die Lehre: Viele vernünftige Menschen sahen es aus eschatologischen Gründen für notwendig an, das Richtige zu glauben, wie die Pascalsche Wette zeigt. Begründen ließ sich diese Haltung durch die Bibel (Markus 16, 16): „Wer da glaubet und getauft wird, der wird selig werden; wer aber nicht glaubt, der wird verdammt werden."

Der Zwang zum „richtigen" Glauben wurde inzwischen de facto abgeschafft, auch wenn diese Freiheit nicht von Kirchenseite eingestanden werden kann. Es wird einfach nicht mehr kontrolliert. (Gott sei Dank!) Heute darf jede(r) glauben, was sie/er für richtig hält. Man folgt nicht mehr dem Buchstaben des Buches, sondern dem eigenen Erahnen, von dem, wer will, annehmen mag, dass es göttlich beeinflusst wird.

Glaubensinhalte direkt zu schauen, statt sich darüber belehren zu lassen, kennzeichnet die Mystik. Erstaunlich viele Frauen finden sich unter den Begründer/inne/n der mittelalterlichen Mystik (Beyer, 1996, Sieck, 2011): Hildegard von Bingen, Maria von Oignes, Beatrijs von Nazareth, Hadewijch von Antwerpen, Mechthild von Magdeburg, Marguerite Porete, Angela von Foligno, Margaretha Ebner, Brigitta von Schweden, Katherina von Siena, Teresa von Avila. Nicht nur einzelne herausragende Mystikerinnen sind zu nennen, ganze Gemeinschaften bildeten sich. Bereits im 13. Jahrhundert begannen Frauen, sich zu religiösen Gemeinschaften ohne strenge Ordensregeln, ohne Anleitung von Geistlichen zusammenzuschließen. Zum Beispiel versuchten die Beginen, gemeinsam mystische Erfahrungen zu machen, und führten Meditationstänze aus. Die offizielle Kirche betrachtete sie mit Misstrauen und erklärte sie während der Inquisition zu Ketzerinnen. Gnade konnten sie nur erwarten, wenn sie sich einer der offiziellen Ordensgemeinschaften anschlossen.

Damals war die Kirche noch nicht reif für solche Modelle der Religionsausübung. Inzwischen schwenkt sie auf die weibliche Linie ein. Spiritualität erfreut sich wachsender Beliebtheit und wird gern auch gemeinsam zelebriert. Sogar Männer nehmen teil und das ist gut so, weil es sich um eine Bewegung der ganzen Kirche, ja der Menschheit handelt.

Schule und Beruf

In der weiblich werdenden Welt werden Hierarchien abgebaut. Schulen machen da keine Ausnahme. Es geht schon in der Grundschule los. Seit einigen Jahren ist der jahrgangsübergreifende Unterricht in Mode gekommen, ein Unterricht, in dem Kinder verschiedener Altersstufen zusammengefasst, also die bisher üblichen Klassenstufen aufgelöst werden. Statt Leistungsdruck zu erzeugen, soll gegenseitiges Helfen eingeübt werden. Leistungsdruck wird nicht mehr nötig sein, weil eines Tages die Übertrittsprüfungen zum Gymnasium wegfallen werden. Die traditionelle Dreiklassengesellschaft von Hauptschule, Realschule und Gymnasium wird nämlich ebenfalls aufgebrochen. Zu sehr hat sich herumgesprochen, dass das soziale Klima am Gymnasium am besten ist, mit der Folge, dass alle aufs Gymnasium wollen, keiner mehr auf die Hauptschule. Trotz derzeit noch praktizierter Einschränkungen beim Übertritt drohen die Gymnasien aus allen Nähten zu platzen. Verständlich, da alle Eltern das Beste für ihr Kind wollen. Es wird wohl am Ende auf die Gesamtschule hinauslaufen.

Man könnte befürchten, dass im Einheitsbrei alle Talente verkümmern müssen. Keineswegs. Hier greift ein Mechanismus, den man zunächst gar nicht erwarten würde. Dass schwächere Schüler gefördert werden, ist inzwischen gang und gäbe und ein Zeichen der Fürsorge in der weiblich werdenden Welt. Auf den ersten Blick überrascht aber, dass auch hochbegabte Schüler gefördert werden, und zwar nicht, um Eliten zu bilden, sondern, weil solche Schüler sich im normalen Unterricht ausklinken und zu Problemfällen werden. Auch hier also Fürsorge. Im Idealfall werden alle Schüler ihre Chance bekommen.

Der Lehrplan wird flexibilisiert. Zahllose Wahlmöglichkeiten in höheren Jahrgängen ermöglichen es, unangenehme Fächer zu umgehen. So unglaublich es klingen mag: Auch das ist ein Zeichen der weiblich werdenden Welt. Bei der Jagd musste jeder Mann auf seinem Platz seine Pflicht erfüllen, egal, ob es ihm angenehm war oder nicht. Befehl war Befehl. In der männlichen Schule wurde der Lehrplan abgearbeitet und damit basta. Die Frauen in der Höhle konnten sich absprechen, wer was macht. Auf Neigungen und Befindlichkeiten konnte bei der Verteilung der Aufgaben Rücksicht genommen werden. Wenn es darum ging, was zu tun war, konnten Frauen in gewissem Maße wählerisch sein. Das setzt sich in der weiblich werdenden Schule fort.

Auf diese Weise wurde Druck aus der Schule herausgenommen und das führte unweigerlich zu einer Absenkung des Niveaus. Dazu mag auch der Übergang von G9 auf G8 beigetragen haben. Zwar wurde zunächst behauptet, dass dieser Übergang ohne Einbußen beim Lehrstoff auskommen werde, aber man hätte sich denken können, dass das nicht funktionieren würde. Und so kam es dann auch: Die Lehrinhalte wurden gekürzt. Das Hinabschrauben der Anforderungen kann wiederum als ein Hinweis auf eine weiblich werdende Welt gedeutet werden und muss nicht unbedingt negativ gesehen werden. Man will eben in der weiblich werdenden Welt nicht mehr Leistung um jeden Preis. Leistung, insbesondere Buchwissen, wird in der Priorität herabgestuft. Sogenannte Soft Skills werden wichtiger. Sie können sich besser ohne Druck entwickeln. In Finnland wurde der weiche „Phänomen-Unterricht" eingeführt, in dem projektorientiert interdisziplinär gearbeitet wird. Ein Zugeständnis an die Komplexität der Welt, aber eine Abkehr von den Fachdisziplinen.

Dass alle Schüler profitieren, ist das Ziel, nicht ein hohes Leistungsniveau.

Die englische Samworth Church Academy in Mansfield, Nottinghamshire will verbieten, dass Schüler sich im Unterricht melden, weil dadurch die anderen Schüler entmutigt würden (Robinson, 2016). Leistung ist schon verpönt. Man könnte befürchten, dass das Fachwissen leidet.

Diese Befürchtung weckt bei manchen auch die deutsche Kollegstufe. Vieles braucht nicht mehr gelernt zu werden. Einige der älteren Generation wundern sich daher, dass heutige Abiturienten dies oder jenes nicht wissen, was früher zur Allgemeinbildung gehörte. Sie müssen jedoch einräumen, dass die heutigen Abiturienten dafür anderes wissen, was früher unbekannt war.

Trotzdem macht sich das Fehlen der Hard Skills irgendwann bemerkbar. Im Augenblick liegt der Schwarze Peter bei den Universitäten. Diese werden nämlich von unterqualifizierten Studenten überlaufen. Immer mehr Schüler erwerben eine Studienberechtigung und wollen dann studieren. Leider reicht aber die Schulbildung auch bei formal erworbener Studienberechtigung inzwischen oft nicht mehr für ein Universitätsstudium aus (Henry-Huthmacher & Hoffmann, 2016). Die Abbruchquote hat mittlerweile 25% erreicht.

Wer trägt die Kosten dafür?

Die Gemeinschaft. So kann es nicht weitergehen. Man kann leicht erraten, wie das ausgeht. Natürlich: Das Niveau des Studiums wird auf Dauer ebenfalls sinken müssen. Entsprechend werden die Abschlüsse weniger aussagen. In Folge wird ein riesiges Heer von nur noch mäßig qualifizierten Akademikern den Arbeitsmarkt überschwemmen. Damit die Statistiken gut aussehen, wird eine Inflation guter Noten auftreten. Das wiederum bedeutet, dass Hochschulabsolventen es schwer haben werden, einen Arbeitsplatz zu finden, der das vorhergehende Studium rechtfertigen würde.

Kein Grund zu jammern. Die Sache hat auch ihr Gutes. Größere Bevölkerungsschichten werden zu höherer Bildung geführt. Das Bildungsniveau eines Landes zählt zu seinen Ressourcen. Außerdem profitiert der Arbeitsmarkt vom explodierenden Bedarf an Lehrpersonal. Hier kommen einige der vielen produzierten Akademiker wieder unter. Es entsteht ein System, das um sich selbst kreist.

Auf dem Arbeitsmarkt herrscht Gedränge. Vor allem findet man kaum eine Stelle, auf der man so etwas wie Selbstverwirklichung erleben kann. Diese Stellen existieren, aber zu wenige von ihnen. Dementsprechend entsteht gewaltiger Konkurrenzdruck. Um die Arbeitnehmer nicht zu Opfern des Marktes werden zu lassen, hat der Gesetzgeber ihre Rechte gestärkt. Das führte wiederum dazu, dass Arbeitszeugnisse wertlos geworden sind (Astheimer, 2016), weil Arbeitgeber aus Angst vor langwierigen Gerichtsverhandlungen davor zurückscheuen, negative Beurteilungen zu schreiben. Wenn aber alle Zeugnisse nur noch positive Wertungen enthalten, sagen sie nichts mehr aus. Die Alternative für Personalberater: Nur den Lebenslauf belegen lassen, ehemalige Vorgesetzte und Kollegen befragen –

eben Klatsch und Tratsch einholen. Womit wir wieder bei der weiblich werdenden Welt wären ...

Der wachsende Konkurrenzdruck entlädt sich immer öfter in Mobbing. Es geht schon in der Schule los: Man fürchtet die zukünftige Konkurrenz im Arbeitsleben. Im Beruf wird es nicht besser, nur besser getarnt. Mobbing bedeutet ursprünglich eigentlich nur, dass ein Menschenhaufen (ein Mob) ein einzelnes Individuum angreift. Das ist im Prinzip nicht neu und sogar aus dem Tierreich bekannt. Dort wird oft im Pulk gegen einzelne artfremde Feinde vorgegangen. Beim Menschen hat es sich eingebürgert, gerade Mitglieder der eigenen Gruppe zu mobben, mit denen man in Konkurrenz zu stehen glaubt – eine soziale Auseinandersetzung. Am Anfang schließt sich die Mehrheit einer Gruppe gegen ein einzelnes Mitglied zusammen. Die irgendwann einsetzenden koordinierten Angriffe auf den Einzelnen können physisch oder psychisch sein. Die soziale Isolation kann bereits ein psychischer Angriff sein, muss aber nicht, wenn das Opfer sie zunächst nicht bemerkt.

Männer gehen im weiteren Verlauf gern handfest vor. Das kann von Anrempeln und Verprügeln bis zu Angriffen auf Leib und Leben gehen. Mobbing liegt jedoch nach heutigem Sprachgebrauch nur vor, wenn die Schikanen langfristig wiederholt werden. Eine einzelne verabredete Aktion einer Gruppe gegen ein Mitglied, von denen die bekannteste die an den Iden des März sein dürfte, bezeichnet man als Verschwörung.

Frauen missbilligen physische Gewalt. Sie lieben es, Konflikte von der physischen auf die psychische Ebene zu verlagern. Das hat seinen Grund in der körperlichen Unterlegenheit der Frauen Männern gegenüber. Dementsprechend stellt sich die Taktik beim Mobbing dar: Die soziale Ausgrenzung des Opfers wird psychisch voll ausgereizt. Hat das Opfer vorher seine Außenseiterrolle eventuell nicht bemerkt, jetzt spätestens bekommt es sie zu spüren. Systematische, dauernd wiederholte, hinterhältige Sticheleien zermürben die/den Gemobbte(n). Frauen können, wenn es zur direkten Konfrontation kommt, ihre Gegner mit einem einzigen Blick vernichten. Dazu kommt es aber selten. Frauen vermeiden gern die direkte Konfrontation. Am liebsten mobben sie aus der Deckung heraus, hinter dem Rücken der Anderen. Wiederum ein Verhalten, das auf ihre körperliche Unterlegenheit zurückzuführen sein dürfte. Sie greifen gern zu Cyber-Mobbing, wo mit Vorliebe anonym oder mit falschen Identitäten operiert wird. Das Mobbingopfer wird psychisch oder psychosomatisch krank. Normalerweise verlässt es in diesem Stadium die Gruppe. Oft kündigt sich damit das Ende seines Berufslebens an.

Man kann behaupten, dass Mobbing von der Idee her eine weibliche Verhaltensweise ist. Es handelt sich ja darum, den Druck der Mehrheit zur Wirkung zu bringen, geradezu eine Entartung demokratischen Verhaltens. Damit würde sich das immer häufigere Auftreten von Mobbing in der weiblich werdenden Welt erklären lassen. Selbst wenn man dieser These nicht zustimmen will, muss man wohl der Tatsache ins Auge blicken, dass die weibliche Form des Mobbings, das Psychomobbing, im Vergleich zur handfesten männlichen Variante zunimmt.

Statistisch äußert sich diese Entwicklung darin, dass die Anzahl psychischer Erkrankungen am Arbeitsplatz in den letzten Jahren dramatisch angestiegen ist. Um ein Beispiel zu nennen: Zwischen 1993 und 2014 stieg der Anteil psychischer Ursachen bei der Frühverrentung von 15,4% auf 43,1% (DRV, 2015). Das ist fast das Dreifache und damit höchst signifikant. Natürlich geht nicht jede Frühverrentung auf Mobbing zurück, aber durchaus einige, und die Dunkelziffer ist hoch. Letzteres verwundert nicht. In einer Zeit, da sozialer Status nicht nur auf Facebook an der Zahl der Freunde gemessen wird, outet sich keiner gern als Außenseiter. Hinzu kommt beim Mobbingopfer das Gefühl, versagt zu haben, weil die Situation nicht gemeistert wurde. Schon das Wort „Opfer" gilt vielen als Stigma. Es bedeutet, dass man gedemütigt worden ist. Man hat nichts

Falsches getan, ist aber mit Schmutz beworfen worden. Die Scham, beschmutzt zu sein, bleibt trotz der Unschuld. Besonders Männer haben ein Problem damit. Frauen sind eher bereit, um Hilfe zu bitten, eine Position der Schwäche einzugestehen. Das mag dazu geführt haben, dass das Thema inzwischen nicht mehr tabuisiert wird, dass die Aufarbeitung beginnen kann.

Mobbing, insbesondere psychisches Mobbing und Cyber-Mobbing, kann als unschöne Begleiterscheinung der weiblich werdenden Welt eingestuft werden. Man zahlt im Grunde den Preis für die Vermeidung von Gewalt. Hier spiegelt sich im Kleinen, was für kriegerische Auseinandersetzungen zwischen Nationen schon gesagt wurde: In einer weiblichen Welt werden die großen Konflikte durch permanente kleine Geplänkel vermieden. Die Fronten werden angepasst, ohne dass es zum offenen Krieg kommt. Es ist im Prinzip der gleiche Mechanismus, durch den die Selbstzerstörung der Menschheit vermieden wird.

Selektion

Im Tierreich beobachtet man eine umso größere Sorgfalt bei der Partnerwahl, je mehr Aufwand die Tiere bei der Brutpflege treiben müssen (Trivers, 1972). Das Weibchen muss sich oft weit mehr für die Aufzucht der Jungen engagieren als das Männchen und hat daher ein größeres Interesse an der Qualität der Gene, an Selektion. Beim Menschen zieht sich schon die Schwangerschaft mit neun Monaten sehr lange hin. Bis schließlich ein junger Mensch das Erwachsenenalter erreicht, vergehen dann noch mehr als zehn Jahre, in denen hauptsächlich die Mutter für ihn sorgt. Dementsprechend sind bei den Menschen die Rollen definiert: Männer wollen ihre Gene möglichst weit verbreiten, neigen zur Promiskuität, Frauen legen Wert auf Selektion.

Indes dürften es die Frauen bei den Urmenschen schwer gehabt haben zu selektieren. In der Horde herrschte weitgehend Promiskuität – die Menschheit war männlich. Hinweise darauf ergeben sich aus dem Verhältnis zwischen der Länge des Zeigefingers und der des Ringfingers bei Hominiden und frühen Menschen (Nelson, Rolian, Cashmore, & Shultz, 2011). Je kleiner dieses Verhältnis ist, desto höheren Testosteronmengen ist der männliche Embryo im Mutterleib ausgesetzt. Die Evolution stattete diejenigen Spezies mit mehr Testosteron aus, die promiskuitiv lebten, da in diesem Fall die Männer ständig miteinander konkurrieren, eben ihre Hahnenkämpfe ausfechten mussten, wobei die vom Testosteron geförderte Aggressivität nützlich war. Bei Spezies, die in festen Paarbindungen lebten, war weniger Testosteron erforderlich. Es ergab sich nun, dass bei den meisten Vorfahren der Menschen und selbst bei den frühen Menschen Hinweise auf Promiskuität vorlagen; einzige Ausnahme war der Australopithecus afarensis, Repräsentant des Übergangs von Tier zu Mensch, der seltsamerweise nicht promiskuitiv gelebt zu haben scheint.

In der promiskuitiven Konstellation gab es von männlicher Seite wenig Beitrag zur Selektion. Gerade einmal, dass körperliche Stärke und Geschicklichkeit im Kampf zu einer höheren Position in der Rangordnung führten. Die ranghöchsten Männer hatten Priorität bei der Begattung, konnten wählen, allerdings ohne Ausschließlichkeitsanspruch. Wenn der Alpha-Mann fertig war, durften andere zum Zug kommen. Feste Zweierbeziehungen bestanden nicht, die Frauen waren allen zugänglich. Wenn ein Mann einer Frau körperlich überlegen war, paarte er sich mit ihr, und das ziemlich wahllos.

Den Frauen gelang es erstaunlicherweise trotzdem zu selektieren. Sie waren zwar der Willkür der Männer ausgeliefert, konnten aber, wie man lange glaubte, durch Zulassen oder Nichtzulassen des Orgasmus die Wahrscheinlichkeit einer Empfängnis positiv oder negativ beeinflussen. Grundlage dieser Annahme war die Upsuck-Theorie, die besagt, dass die Spermien durch die orgastischen Kontraktionen der Gebärmutter aufgesaugt werden, wodurch die Empfängnis begünstigt würde. Diese Theorie würde die Entstehung des weiblichen Orgasmus in der Evolution erklären, ist allerdings bezweifelt worden (Lloyd, 2005), weil der weibliche Orgasmus beim Koitus nicht nur vom Willen der Frau abhänge, sondern auch von der Art der Stimulation. Dass der Mechanismus an sich funktionieren würde, wenn er sich beliebig anwenden ließe, ist dabei unbestritten. Das heißt aber, die Frau hätte, wenn sie einen Orgasmus gewünscht, aber nicht bekommen hätte, nach dem eigentlichen Akt einen nachträglichen, eventuell noch wirksamen Orgasmus durch Masturbation selbst herbeiführen können. Es könnte sogar noch einfacher sein. Vielleicht hatten zu jener Zeit die Frauen eine weitaus höhere Kontrolle über ihren Orgasmus als heute und konnten ihn nach Belieben einsetzen.

Beide Mechanismen, sowohl die Kämpfe der Männer um die Rangordnung, als auch die Selektion der Frauen, sind nur von männlichen Eigenschaften beeinflusst (Stärke des Mannes beim Kampf, Attraktivität des Mannes bei der Begünstigung durch die Frau). Das erscheint merkwürdig, würde es doch bedeuten, dass die Evolution des heutigen Menschen hauptsächlich im Hinblick auf Eigenschaften der Männer erfolgte. Die heutigen Männer wären demnach evolutionär gestaltet, die Frauen nur indirekt mit entwickelt. Es wäre dann Zufall, dass die Frauen so sind, wie sie sind.

Kaum zu glauben! Und nicht bewiesen.

Ein klein wenig könnten die Männer schon beigetragen haben. Die ranghöchsten Männer hatten schließlich die Wahl, mit welchen Frauen sie sich bevorzugt paaren wollten. Trotz Promiskuität könnten sie damit Einfluss genommen haben. Man kann ja nicht leugnen, dass Männer zu allen Zeiten Präferenzen bei der Wahl ihrer Frauen hatten (Buss & Schmitt, 1993).

Die Selektion der Frauen fand mit der Entstehung sexueller Partnerschaften ein Ende. Aus Untersuchungen der mitochondrialen DNS ergab sich, dass es zur Zeit der Auswanderung der Urmenschen von Afrika nach Europa vor 70.000 bis 100.000 Jahren polygyne Ehen gab (Wilder, Mobasher, & Hammer, 2004).

Zu diesem Zeitpunkt war die Gesellschaft patriarchalisch organisiert. Die Männer erhoben Besitzanspruch an ihren Frauen, um sich ihres Nachwuchses sicher zu sein. Wenn es um sein Eigentum geht, ist der Mann wählerisch. Frauen hatten nichts zu sagen, die Wahl trafen die Männer.

Später setzte sich, vermutlich im Rahmen der Neolithischen Revolution vor 18.000 Jahren, nach und nach die Monogamie durch. Aber immer noch wählten die Männer. Das ist bis ins frühe 20. Jahrhundert so geblieben. Es änderte sich erst mit dem Siegeszug der Liebesheirat.

Jetzt selektieren die Frauen wieder. Ja, so ist es wohl, auch wenn man(n) es nicht glauben mag. Gern bilden Männer sich ein, sie würden wählen. Und irren gewaltig! In den allermeisten Fällen wählt der Mann doch erst, wenn er schon längst an der Angel hängt. Die Frau hat die Fäden gezogen, den Mann, den sie gewählt hat, in ihren Bann geschlagen, seine Aufmerksamkeit geweckt, den Glauben in ihm genährt, er könne Erfolg bei ihr haben. Nun lässt ihn mal näher heran, mal weniger. Sie steuert ihn. Er fühlt sich als Eroberer und alles geht seinen Gang. Wie wundervoll, wenn sich daraus eine romantische Liebe entwickelt!

Indirekt trägt selbst bei diesem Mechanismus auch der Mann zur Selektion bei. Er hat seine Neigungen und die Frau erspürt diese genau. Ihre Wahl, die letztlich entscheidet, richtet sich nicht nur nach ihren eigenen Vorlieben, sondern auch danach, wie erfolgversprechend ihr „Projekt" ist. Dementsprechend geht auch die Neigung des Mannes in ihre Wahl ein. Man kann also sagen, dass in unserer heutigen Gesellschaft Selektion von beiden Seiten stattfindet, und zwar stärker denn je zuvor, eine Entwicklung im Sinne der Weiblichkeit.

Die Kriterien, nach denen selektiert wird, haben sich im Lauf der Zeit gewandelt. Lange lag der Schwerpunkt auf körperlicher Attraktivität. Das kann als eine Folge der Evolution angesehen werden, weil gutes Aussehen statistisch mit Gesundheit korrelierte (Etcoff, 2000). Diese Form der Selektion wird sinnlos, wenn im Zeitalter von Schönheits-OPs das Äußere nicht mehr mit Sicherheit auf genetische Eigenschaften schließen lässt. Statt dieser Form der Selektion gibt es neue Kriterien. Sie folgen aus der Möglichkeit der Geburtenkontrolle. Da der Koitus nicht mehr automatisch zur Empfängnis führt, kommt es zur Zeugung von Nachwuchs nur als Ergebnis einer gründlichen Abwägung. Damit trägt die körperliche Attraktivität, die bei der Bereitschaft zum Koitus eine entscheidende Rolle spielt, nicht mehr in dem Maß wie früher zur eigentlichen Selektion bei. Gesucht sind jetzt charakterliche Werte, die einer nachhaltigen Familienplanung entgegenkommen, wie Verantwortungsbewusstsein und Verlässlichkeit. Man kann auch das als Trend zu weiblichem Verhalten klassifizieren. Frauen hatten im Hinblick auf die Versorgung ihrer Kinder schon seit Langem charakterliche Stärken anstelle von körperlichen bevorzugt.

Romantische Liebe und Liebesheirat

Die Evolution entwickelte aus den Präferenzen von Frau und Mann bei der Partnerwahl die romantische Liebe. Die Liebe wurde gebraucht. Ohne sie gäbe es keine Selektion. Außerdem bindet sie den Mann an die Frau, die sonst mit Schwangerschaft und Kindern allein dastünde. Deshalb die größere Libido beim Mann (Baumeister, Catanese, & Vohs, 2001). Die Frau wiederum wird durch die Mutterliebe besonders fest an die Kinder gebunden. Die Situationen von Frau und Mann in der Liebe unterscheiden sich. Beide empfinden die Liebe verschieden und erwarten Unterschiedliches von ihr (Pease & Pease, 2011).

Wie kann das funktionieren?

Ganz einfach: Die Natur hilft nach. Sie gibt Frauen und Männern einen ordentlichen Schubs in Form eines Cocktails von Neurotransmittern: Dopamin, Serotonin, Neurotrophin, Oxytocin, Testosteron. Die genetische Kompatibilität wird unbewusst über den Geruchssinn überprüft. Auf einmal ist die Welt in Gegenwart des anderen wie verzaubert. Man entdeckt sich gegenseitig und begeistert sich füreinander. Schmetterlinge im Bauch; Stendhal spricht von Kristallisation (Stendhal, 1977). Nachher können die wenigsten sagen, welche Gründe genau letztlich ausschlaggebend waren, dass es gefunkt hat. Aber wer fragt danach? Hauptsache, man ist glücklich dabei! Dann geht es erst richtig los. Die Situation der beiden Liebenden gleicht sich an. Man findet sich in einer Partnerschaft, zieht am gleichen Strang, sitzt im selben Boot. Mit einem immer besseren gegenseitigen Kennen und Verstehen reift die Liebe und vertieft sich. Idealerweise wird man miteinander alt.

Die romantische Liebe ist die Form der Liebe, von der die Menschen schon immer geträumt hatten. Romantische Liebesbeziehungen gab es zu allen Zeiten. Allerdings waren sie früher meist nur als außereheliche Partnerschaften möglich und die Paare hatten es schwer. Die Literatur erzählt davon: Romeo und Julia, Antonius und Kleopatra, Pelléas und Mélisande, Tristan und Isolde, Lohengrin und Elsa, Heathcliff und Cathy, Ferdinand von Walter und Luise Miller ... Solche Liebesbeziehungen im realen Leben musste man mit der Lupe suchen. Erst mit der industriellen Revolution begann man, sie in größerem Umfang auszuleben, allerdings immer noch ungeregelt (Shorter, 1990). Lord Nelson und Lady Hamilton war es noch gesellschaftlich verwehrt zu heiraten. Erich Fromm vertrat sogar die Auffassung, dass die Form der romantische Liebe, wie wir sie uns erträumen, sich überhaupt erst im 20. Jahrhundert etabliert hätte (Fromm, 2005).

Die Liebesheirat als Erfüllung der romantischen Liebe wurde das theoretische Ideal, das sich leider selten realisieren ließ. Zwar wurde seit etwa 1800 die Liebesheirat in der romantischen Literatur als Happy End gefeiert, aber die Realität hielt damit nicht Schritt. Noch im 19. Jahrhundert lag die Partnerwahl in Europa nicht bei den zukünftigen Partnern, sondern bei der Gemeinschaft. Bis ins 20. Jahrhundert hinein herrschte in der westlichen Welt die Vernunftehe als die verbreitete Form vor. Eine Liebesheirat konnte zwar zustande kommen, aber nur, wenn die materiellen Umstände stimmten. Im Zeitalter der Weltkriege änderte sich auch das. Man war im Angesicht der existenziellen Ungewissheit bereit, materielle Unsicherheiten zu ignorieren. Man wagte die Liebesheirat im Angesicht des Todes. Die Liebesheirat wurde in der Nachkriegszeit weiter bevorzugt; ihr Stellenwert erhöhte sich sogar. Galt sie vorher als ein abschließender Akt verzweifelter Liebe, so wurde sie nun von Anfang an als Wunschtraum erstrebt.

Romantische Liebe und Liebesheirat haben sich inzwischen durchgesetzt. Eine ihrer wichtigsten Eigenschaften: Sie sind symmetrische Beziehungen. Schon der große Philosoph der Romantik Friedrich Schlegel schreibt in seinem theoriegeladenen Roman über die Liebe (Schlegel, 1799): „Es gibt eine reine Liebe, ein unteilbares und einfaches Gefühl ohne die leiseste Störung von unruhigem Streben. Jeder gibt dasselbe, was er nimmt, einer wie der andre, alles ist gleich und ganz und in sich vollendet wie der ewige Kuss der göttlichen Kinder." Dieses Konzept ermöglicht den Liebenden, in der Beziehung aufzugehen. Beide Partner verschenken sich aneinander, ohne eine Gegenleistung zu erwarten, ohne an eine Rangordnung zu denken.

In der belletristischen Literatur ist die Frage aufgeworfen worden, ob eine echte Liebesbeziehung auch asymmetrisch sein kann. Die asymmetrische Form kommt nur als seltene Ausnahme vor. Man kann an Katharina und Petruchio in „Der Widerspenstigen Zähmung" denken. Im Gegensatz zu dem, was viele denken, hatte Shakespeare seine Komödie nicht frauenfeindlich gemeint. Er präsentierte die Handlung (die „Zähmung" der Frau) als Traum eines bemitleidenswerten männlichen Underdogs, der in Wirklichkeit unter dem Pantoffel seiner Frau steht. Die Wirklichkeit des Träumers offenbart also wiederum eine asymmetrische Beziehung, nur mit umgekehrten Vorzeichen. Das Ganze stellt sich als ein Plädoyer gegen asymmetrische Beziehungen heraus. Wer in einer solchen Beziehung als der Zweitrangige feststeckt, wünscht sich eine Umkehrung der Asymmetrie. Damit wäre natürlich nichts gewonnen, da dann die/der Andere unzufrieden wäre. Nur in einer symmetrischen Beziehung fühlen sich beide wohl.

Das gleiche Argument wurde auch von Frauenseite vorgebracht. In ihrem Roman „Jane Eyre" erzählte Charlotte Bronté von einer Frau, die einen Mann liebt, der sozial weit über ihr steht. Auch er liebt sie, aber das Schicksal gibt dieser Liebe zunächst keine Chance. Erst als die Frau durch eine Erbschaft sozial aufsteigt und der Mann sein Augenlicht verliert, kehren sich die Verhältnisse um. Sie heiraten und bekommen einen Sohn. Zum Happy End fügt es sich, dass der Mann wieder sehen kann, und beide leben als gleichberechtigte Partner glücklich miteinander in einer symmetrischen Beziehung.

Die Belletristik spiegelt damit die gesellschaftliche Wirklichkeit wieder. Die asymmetrische Beziehung ist in der echten, der reinen Liebe die Ausnahme. Mit der Liebesheirat und der romantischen Liebe setzten sich also symmetrische Beziehungen durch, Beziehungen von gleich zu gleich, Beziehungen wie Frauen sie bevorzugen. Das ist es, was sie von ihren weiblichen Netzwerken gewohnt sind.

Die heutige Verbreitung der romantische Liebe kann als Triumph weiblicher Verhaltensweisen aufgefasst werden. Hier trifft man auf eine besonders schöne Folge der weiblich werdenden Welt.

Hahnenkämpfe

Hahnenkämpfe, bei denen zwei Hähne sich gegenseitig tothacken, galten bis ins 19. Jahrhundert als gesellschaftliche Attraktion und wurden weltweit gut besucht. Man nutzte dabei aus, dass die Evolution den Tieren ein ausgeprägtes Kampfverhalten mitgegeben hatte. Dieses wurde zusätzlich weiter hochgezüchtet. Außerdem bekamen die Hähne zuweilen künstliche Metallsporne angeschnallt, um sich gegenseitig schwerere Verletzungen beibringen zu können. Eine grausame Angelegenheit. Heute sind solche Kämpfe in der Mehrzahl der Länder aus Tierschutzgründen verboten. Man hatte Mitleid mit den Hähnen.

Im übertragenen Sinn spricht man bei Menschen von Hahnenkämpfen, wenn Männer miteinander um die Rangordnung wetteifern. Solche menschlichen Hahnenkämpfe kosten die Gesellschaft erhebliche Energien, die besser genutzt werden könnten. Verboten sind sie nicht, obwohl man auch mit den Männern Mitleid haben könnte.

Die klassischen Hahnenkämpfe im Tierreich (nicht nur bei Hähnen) laufen alle nach dem gleichen Muster ab. Es beginnt mit Imponiergehabe. Das Männchen jagt den Blutdruck in die Höhe, bis der Kamm schwillt. Wenn der Gegner davon nicht beeindruckt ist, geht es in den Kampf. Der Gewinner dieser blutigen Spektakel erringt das/die Weibchen. Mit Liebe hat das nichts zu tun, nur mit Macht.

Menschen verhalten sich ähnlich. Auch hier erhöht der Mann den Blutdruck, um Höchstleistungen zu bringen, und sei es bei der Büroarbeit. Wieder geht es in der Regel darum, Frauen zu beeindrucken und zu erobern, in unserer Zeit meist durch beruflichen Erfolg. Auf den Herzinfarkt kann man warten. Dabei ist diese Art von Kampf um die Frauen ziemlich sinnlos geworden. Die Männer übersehen gern, dass heutige Frauen bei der Partnerwahl gar nicht von derart errungenen Siegen beeindruckt sind. Das Vorurteil, dass sie das wären, entstand in der muttersohngeprägten Zeit der Menschheit. Damals sah man das gesellschaftliche Ideal im durchsetzungsfähigen Mann mit Status. Die Frau, die inzwischen selbst wählt, bevorzugt charakterliche Werte wie Zuverlässigkeit und Treue. Das Kämpferische ist weniger gefragt. In dieser Hinsicht jedenfalls sind Hahnenkämpfe überflüssig geworden.

Im Tierreich toben Hahnenkämpfe nicht nur, um Weibchen erobern. Es geht darüber hinaus um die Reihenfolge bei der Nahrungszuteilung, ganz allgemein um die Rangordnung. Dieser Faktor hat sich beim Menschen zum problematischen entwickelt. Die Erstellung einer Rangordnung führt für die große Mehrheit der Männer, nämlich alle, die nicht Alpha-Männer sind, zu Unwohlsein. Das erklärt sich aus den Unterwerfungs-

und Demutsgesten untergeordneter Tiere im Rudel. Die Tiere prägen hierbei Verhaltensweisen aus, die ein Eingeständnis der Schwäche gegenüber einem stärkeren Mitglied des Rudels signalisieren sollten und von diesem auch so verstanden wurden. Mit dem Bewusstsein entwickelte der Mensch jedoch ein Selbstwertgefühl, das dabei litt. Die Angst vor Abstieg in eine tiefere soziale Stellung stellt beim Menschen eine nicht zu vernachlässigende Triebfeder bei Hahnenkämpfen dar.

Glücklicherweise tendiert die weiblich werdende Welt dazu, Hierarchien aufzulösen. Wäre die Welt nicht mehr hierarchisch organisiert, könnten wir uns die Hahnenkämpfe sparen. Wenn wir sie uns sparen, fällt natürlich ein Antrieb für die Leistungsfähigkeit weg. Die Leistung (der Männer) würde nachlassen. Das wäre aber dann nicht mehr wichtig, da man in der postmaterialistischen, weiblich werdenden Welt nicht mehr nach materialistischen, durch Leistung zu erringenden Werten strebt, sondern sich mit weniger zufrieden gibt.

Hahnenkämpfe können als eine Institution der muttersohnartigen Menschheit identifiziert werden. Sie waren für die Individuen, die einzelnen Männer, ungesund, aber die Institution blieb erhalten, um größere Leistungsfähigkeit für das Kollektiv zu erreichen. Der Muttersohn bringt Opfer für seine Ideale.

Nun sind die Tage der Hahnenkämpfe gezählt. Wir werden davon loskommen. Als Vorbild können die Frauen dienen.

Natürlich gibt es auch unter Frauen Rivalität. Sie gehen nur anders damit um. Eventuell machen sie sich schön, um mit anderen Frauen zu konkurrieren. Marcel Aymé: „Frauen machen sich nicht schön, um Männern zu gefallen. Sie tun es, um andere Frauen zu ärgern." Das ist indes zahm im Vergleich zu männlichen Hahnenkämpfen. Mag sein, dass eine Frau auch mal ein wenig gegen die Rivalin intrigiert, aber das war es dann schon. Sie achtet darauf, selbst nicht zu leiden; ihre Gegnerin soll den Schaden davontragen. Das selbstzerstörerische konsequente Hineinsteigern in die Hahnenkämpfe erfordert einen Testosteronüberschuss und bildet bei Frauen die Ausnahme. Obwohl sie unter dem Einfluss des Testosterons stehen, wird es den Männern gelingen, ihr Verhalten dem der Frauen anzunähern.

In der Tat gleicht sich bereits jetzt die Lebensweise der Männer jener der Frauen an. Selbst das „Sich-schön-Machen" greift unter Männern um sich; der Ausdruck „metrosexuell" wurde dafür geprägt. Das trifft nicht jedermanns Geschmack, aber es schadet auch nicht.

Das Konkurrenzdenken muss nachlassen. Das wäre nicht nur gut für den Blutdruck. Ganz allgemein würde die Gesundheit profitieren, wenn die Lebensweise der Männer jener der Frauen ähneln würde. Ablesen kann man das an der Lebenserwartung, die bei Frauen deutlich höher liegt als bei Männern. Lange herrschte Unsicherheit, ob dieser Unterschied genetisch oder verhaltensspezifisch begründet ist. Eine Untersuchung der Lebenserwartung von Mönchen und Nonnen, die unter fast identischen Bedingungen im Kloster lebten, zeigte, dass sie fast gleiche Lebenserwartungen hatten (Luy, 2002). Es mussten also verhaltensspezifische Faktoren sein, die für die höhere Lebenserwartung von Frauen im Alltag verantwortlich waren. Somit dürfte in einer zukünftigen weiblichen Welt die allgemeine Lebenserwartung höher liegen als heute. Gute Aussichten!

Toleranz, Sexualität und Kinderwunsch

Es gibt doch tatsächlich Männer, die sich von ihren Frauen mehr Toleranz wünschen! Geradezu absurd, wenn man sich klarmacht, dass Frauen von ihrer Entwicklung her ohnehin das tolerantere Geschlecht sind. Aber manchmal sind eben auch die Grenzen weiblicher Toleranz erreicht, manchmal wird der Bogen überspannt.

Die Toleranz der Frauen hat einen Grund. Er liegt abermals in unserer tierischen Vergangenheit. Wenn die Männchen ihre Hahnenkämpfe ausgefochten hatten, mussten die Weibchen den Siegern zur Verfügung stehen. Da gab es keine Zimperlichkeit. Weibliche Tiere hatten im Lauf der Evolution gelernt, sich in die Situation zu fügen. Männer mögen aufopfernder beim Handeln sein, doch Frauen sind härter im Nehmen. Diese Fähigkeit wird beim Menschen fortbestanden und den Frauen in den vergangenen Jahrhunderten geholfen haben, manch unerträgliche Lebenslage zu meistern. So hat sich eine weibliche Leidensfähigkeit entwickelt, aus der Toleranz entstand, die Duldung anderer als der eigenen Vorstellungen.

Diese weibliche Stärke äußert sich inzwischen in der weiblich werdenden Welt in einer größeren Toleranz der Gesellschaft. Daraus folgt unter anderem die Möglichkeit, heute (fast) jedwede Form von sexueller Partnerschaft frei auszuleben. Insbesondere bei homosexuellen und queer Beziehungen sind gewaltige Fortschritte zu verzeichnen. Das war vor hundert Jahren noch nicht der Fall und kann dem Übergang zu einer weiblichen Welt zugeschrieben werden.

Tolerant ist auch der Umgang mit der Kleiderordnung geworden. Ursprünglich hatte die patriarchalisch geprägte Gesellschaft die Verhüllung der Frau erzwungen. Der Besitzanspruch der Männer an ihren Frauen beinhaltete, dass deren Reize nur von ihren Ehemännern und Verwandten gesehen werden durften. Vom Schleier spricht schon das Gilgamesch-Epos. Später ist eine mehr oder weniger starke Verhüllung von verschiedenen Religionen verlangt worden, unter ihnen das Christentum und der Islam. Nicht allen Frauen hat das gefallen, aber wohl einigen – es war individuell unterschiedlich. Als in den 60er Jahren die Röcke kürzer wurden, löste das Begeisterungsstürme bei vielen Frauen aus. Sie empfanden Befreiung, nicht Demütigung. Wer nicht mitmachen wollte, brauchte nicht – niemand wurde gezwungen. Hier hatte sich in Kleidungsfragen Toleranz durchgesetzt.

Aktuell (2016) wird ein Burka-Verbot in Deutschland diskutiert. Diese Form der Verschleierung hat sich, obwohl im Koran nicht explizit gefordert, im Islam zu einem Teil der Tradition entwickelt, so dass viele Betroffene daran hängen. Als problematisch erweist sich dabei vor allem die Gesichtsverhüllung. In Zeiten der Bedrohung durch Terrorismus kann die Gesichtsidentifizierung wichtig werden. Dies beträfe dann aber jede Art von Maskierung. Ein generelles Vermummungsverbot, ähnlich wie es für Demonstrationen schon existiert, könnte die Diskussion entschärfen. Man könnte mit den muslimischen Glaubensvertretern über eine gesichtsfreie Verschleierung anstelle der Burka verhandeln. Damit könnte man das Problem der Identifizierbarkeit umgehen. Ein Verbot, nur um das Straßenbild im abendländischen Stil zu gestalten, entspräche dagegen nicht mehr dem Zeitgeist. Zwang als Mittel der Gesellschaftspolitik hat in der weiblich werdenden Welt ausgedient.

Toleranz gegenüber sexuellen Partnerschaften bedeutet natürlich, dass nicht mehr die Ehe zur Sanktionierung der Partnerschaft verlangt wird. Die Ehe zwischen Frau und Mann, idealerweise mit Kindern gesegnet, galt in der westlichen Welt lange als das Standardmodell der sexuellen Partnerschaft. Ganz klar lag die Intention auf der Zeugung von Nachwuchs. Heute wird die Institution der Ehe nicht mehr in dem Maß für wichtig gehalten wie früher. Die Folge: Nur noch diejenigen gehen sie ein, die ihr Glück darin sehen. Kinder werden auch außerhalb der Ehe gezeugt. Die weltweite Geburtenrate ist allerdings seit etwa 150 Jahren rückläufig. Die Pille spielt dabei nur eine marginale Rolle (Schwentker, 2014). Es handelt sich um einen gesellschaftlichen Prozess.

Hier trifft man auf einen Widerspruch. Der geläufige Archetyp „Frau" beinhaltet auch den Begriff „Mutter". Man würde demnach erwarten, dass „die Frau" tendenziell einen Kinderwunsch hegt.

Wieso gehen dann in einer weiblich werdenden Welt die Geburtenraten zurück?

Es gibt zwei Möglichkeiten. Die erste: Hier liegt eine Ausnahme zur Hypothese von der weiblich werdenden Welt vor. Die zweite: Die geläufige Vorstellung vom Archetyp „Frau" erweist sich als falsch; vermutlich männlich gefärbt.

Die Wahrscheinlichkeit spricht für die zweite Möglichkeit, was sich begründen lässt: Es ist nun einmal biologisch gegeben, dass die Frau das Kind zur Welt bringt. Männer bewundern das, beneiden die Frau angeblich zuweilen sogar darum. Allerdings hat niemand die Frauen in all den Millionen Jahren der Evolution jemals gefragt, ob sie diese Rolle überhaupt spielen wollen. Sie haben sie sich jedenfalls nicht ausgesucht. Schließlich durchleiden sie bei der Geburt unglaubliche Schmerzen. Die nachfolgende Sorge für die Kinder kostet Mühe und nimmt fast das ganze Leben der Frau ein. Es wäre möglich, dass „die Frau" sich das gar nicht wünscht, dass sie es nur tapfer erduldet. Die männliche Menschheit hätte ihr dann nur angedichtet, dass es das ist, was sie will.

Was man jedenfalls sagen kann, ist, dass die wenigsten Frauen den Wunsch nach unkontrollierter Vermehrung hegen. Die Betonung liegt auf „unkontrolliert". Die Frau liebt ihre Kinder und wünscht sie sich. Sie weiß aber auch, dass sie diejenige ist, die nachher die Verantwortung für ihre Kinder trägt. Daher wägt sie ab. Sie will die Kinder, die sie in die Welt setzt, ernähren können. Das schränkt die Zahl ein. Der Wunsch nach uneingeschränkt möglichst vielen Kindern geht entwicklungsgeschichtlich vom Mann aus, der sein Erbgut so weit wie möglich verbreiten will. Maßlosigkeit ist Kennzeichen des Muttersohnes. Frauen hätten, wenn sie gekonnt hätten, schon immer die Geburtenkontrolle befürwortet.

Man kann schließen, dass der Geburtenrückgang ebenfalls mit dem Szenario einer weiblich werdenden Welt in Einklang zu bringen ist. Die Geburtenraten werden weiter zurückgehen. Das ist keine Katastrophe, da zunächst trotz rückläufiger Geburtenraten ein weiteres Wachstum der Weltbevölkerung zu erwarten ist. Es wird sich voraussichtlich noch bis 2050 fortsetzen (United Nations, 2015). Auch danach dürfte die Existenz der Menschheit nicht durch Schrumpfung bedroht sein. Im Gegenteil, zu starkes Wachstum wäre die größere Bedrohung. Die Muttertochter schont den Planeten.

Eine Kultur der beharrlichen verbalen Kritik

Frauen und Männer äußern ihr Unbehagen auf verschiedene Weise. Das Ehepaar Pease unterscheidet Nörgeln bei Frauen und Jammern bei Männern als angeblich charakteristisch (Pease & Pease, 2002). Wenn eine Frau einen Mann humorvoll mit dem Vorwurf des Jammerns konfrontiert, wird der wohl in den meisten Fällen lachend zustimmen. Insbesondere die sprichwörtliche männliche Wehleidigkeit kennt man ja. Umgekehrt dürfte es für einen Mann nicht ratsam sein, einer Frau gegenüber anzudeuten, sie würde nörgeln. Nicht einmal im Scherz. Hier wird nämlich insinuiert, die Kritik der Frau sei unberechtigt, was strittig sein dürfte. In der Tat ist es meistens so, dass die Kritik durchaus berechtigt ist, nur eben für den Mann gerade ungelegen kommt. Die Begriffsbildung „Nörgeln" in diesem Zusammenhang gibt der Sache einen ungerechtfertigten negativen Beigeschmack.

Der Begriff des „Nörgelns" drückt, wie sollte es anders sein, nur das Gefühl des Mannes bei der Gelegenheit aus. Die Frau erlebt das alles ganz anders. Wenn der Mann einfach nicht sieht, was zu tun ist, sie es ihm immer wieder sagen muss und es selbst dann noch nicht klappt, müsste es doch als ihr Verdienst gewürdigt werden, dass sie es stets aufs Neue zu versucht. Sie würde es eher einen Appell an den Mann nennen, eine notwendigerweise wiederholte Aufforderung, eine beharrliche verbale Kritik.

Der Volksmund der männlich geprägten Vergangenheit hat die abwertenden Bezeichnungen „Nörgeln", „Zanken" und „Keifen" für die geschilderten Verhaltensweisen der Frauen geprägt. Im Volkslied heißt es: „Hab mei Wage vollgelade, voll mit alten Weibsen. Als wir in die Stadt neikamen, hubn sie an zu keifen." Die Bibel macht da keine Ausnahme (Sprüche 21, 19): „Es ist besser, wohnen im wüsten Lande denn bei einem zänkischen und zornigen Weibe." Das Volksmärchen Vom Fischer und seiner Frau erzählt von der permanenten Unzufriedenheit einer Frau mit eigentlich tragbaren Situationen. Tatsächlich erreicht sie durch „Nörgeln" immer weitere Verbesserungen, büßt jedoch am Ende alles wieder ein, weil sie sich nie zufrieden gibt.

Wenn sich der Mann die Kritik durch die Frau nicht gefallen lässt, kann es schon mal zu Wortgefechten kommen. Bekannt sind die zwischen Lady Nancy Astor und Winston Churchill. Sie kritisierte seinen Alkoholkonsum oft, wohl einmal zu oft (Masson, 2003): „Sie sind ja betrunken!" Churchills ungalante Antwort: „Und Sie, Lady Astor, sind hässlich. Aber mein Zustand ist morgen früh vorbei." Sie schleuderte ihm wütend entgegen: „Wenn ich mit Ihnen verheiratet wäre, würde ich Ihnen

Gift in den Tee tun." Er darauf: „Wenn ich mit Ihnen verheiratet wäre, würde ich ihn trinken."

Der Grund für das weibliche Verhalten der beharrlichen verbalen Kritik liegt darin, dass das weibliche Gehirn nicht lösungsorientiert, sondern „vorgangsorientiert" arbeitet (Pease & Pease, 2002, S. 195). Männer suchen eine Lösung für ein gegebenes Problem, lösen es und gönnen sich nach der Lösung ausgiebige Ruhepausen. Frauen besprechen das Problem zunächst einmal (Fischer, 2008) und werkeln dann daran herum – aber nicht zu viel! Es geht nicht um ein schnelles Erledigen, nicht um eine Lösung, sondern um permanente Verbesserungen, kleine Schritte. Sie machen einen Vorgang daraus, der beliebig lange dauern kann (und soll). Hier liegt die Wurzel der beharrlichen verbalen Kritik: Frauen wollen die Dinge immer weiter verbessern. Das hört nie auf. Im Gegensatz zu Männern, die sich kurz aufbäumen und sprinten, um dann ihre Ruhe zu haben, bevorzugen Frauen den Dauerlauf, sind mit dosiertem Aufwand und mit kleinen Schritten immer unterwegs.

Frauen lieben diese kleinen Schritte (schon wegen der High Heels). Unnötig zu sagen, dass man auch mit Trippelschritten Großes erreichen kann. Zwar kann man einen Graben mit kleinen Schritten nicht überspringen – aber man kann eine Brücke bauen. Der Vorteil bei kleinen Schritten: Man kann sie rückgängig machen. Männern bleibt nach einem falschen großen Schritt oft nur der Zusammenbruch.

Die beschriebenen Verhaltensmuster könnten ihren Ursprung wiederum in der frühmenschlichen Entwicklungsphase haben. Der Mann musste bei der Jagd Höchstleistungen bringen und musste, um dazu in der Lage zu sein, zwischen den Leistungen ausgiebig ruhen. Das männliche Gehirn wird in Ruhephasen heruntergefahren und ist auch heute noch in diesen Phasen nur zu 70% aktiv (Rapouch, abgerufen 20.11.2016). Die Frau hingegen musste rund um die Uhr auf der Hut sein, vor Feinden warnen, das Feuer bewachen, auf die Kinder aufpassen, all die Kleinigkeiten hin- und herräumen und saubermachen, damit die Höhle wohnlich blieb. Sie wird wohl auch kritisiert haben, dass der Mann immer wieder seine Keule im Weg herumliegen ließ. Höchstleistungen brauchte sie nicht zu erbringen, fand aber nie wirklich Ruhe, musste ständig ein Auge auf ihre Umgebung haben, gegebenenfalls korrigierend eingreifen. Sie bildete die Fähigkeit zum Multitasking aus. Abwechslung suchte sie geradezu, langweilte sich sonst. Auch in gelegentlichen Phasen relativer Ruhe reduzierte die Frau ihre Gehirnaktivität nie unter 90% (Rapouch, abgerufen 20.11.2016). Das ist bis heute so geblieben.

Im Bestreben, das Problem so schnell wie möglich zu lösen, kann es dazu kommen, dass der Mann eine zu einfache Lösung präsentiert, die dann eben nicht optimal ist, und so die berechtigte Kritik der Frau auf sich zieht. Dennoch trifft ihn die Kritik in seiner, wie er glaubt, zu dem Zeitpunkt wohlverdienten Ruhepause und wird ihn stören. Überhaupt wird Kritik den Mann immer stören. Entweder ist er gerade mit „Wichtigem" beschäftigt (der Jagd), was seine volle Leistungsfähigkeit beansprucht, oder er befindet sich in seiner Ruhephase. Er kennt nur Wichtiges und Ruhe. Was die Frau bestenfalls erreichen kann, ist, dass der Mann ihre Wünsche als Projekt in seine Pläne aufnimmt und als „wichtig" einstuft. Das ist aber eigentlich nicht, was sie will. Die Dinge, die sie aufs Tapet bringt, sind nicht in dem Sinne „wichtig". Sie will einen kleinen Schritt, keinen großen, will Kleinigkeiten als Kleinigkeiten erledigt sehen, nicht viel Aufhebens darum machen.

Die Vorgangsorientierung der Frau bewirkt, dass sie sich gezwungen fühlt, die Zeit immer mit Aktivität zu füllen – köstlich dargestellt in Loriots Zeichentrickfilm „Feierabend", in dem die Frau ununterbrochen in der Küche herumwerkelt und nicht mitansehen kann, dass der Mann einfach nur im Sessel sitzen will. Kennzeichen des weiblichen Aktionismus ist das Ersetzen von langfristigen Zielen durch kurzfristige. Frauen haben dieses Verhalten kultiviert, nicht nur im täglichen Leben in der Höhle

– es gibt noch einen weiteren spezifischen Grund dafür und der ist traurig: Die Kinder großzuziehen, stand bei Frauen seit jeher im Mittelpunkt des Lebens. Es erforderte nicht nur Beharrlichkeit, sondern leider noch mehr. Zur Zeit der Frühmenschen war die Kindersterblichkeit sehr hoch. Die Frau musste mit der häufigen Situation fertig werden, dass ihr Kind vorzeitig starb. Das bedeutete, dass sie sich für etwas aufopferte, das Leben ihrer Kinder, was ihr womöglich wieder genommen werden würde. Sie musste in der Tätigkeit aufgehen, ohne die Gewissheit eines Erfolges zu haben. Das ging nur, wenn sie sich kurzfristige Ziele setzte, die Zeit des Zusammenseins mit ihrem Kind auskostete, solange es eben ging.

Man kann die beschriebene weibliche Lebenseinstellung auch philosophisch sehen: Frauen strukturieren die Zeit und leben den Augenblick. Carpe diem! Das heißt nun aber nicht, dass es sich um Epikureismus handelt. Strukturierendes Element ist nämlich im Allgemeinen nicht die Lust. Frauen haben fast immer ein dem Gemeinwohl dienendes Handlungsmotiv. In diesem Sinn handeln sie fortwährend und immer aufs Neue, auch wenn die Ergebnisse sich in Luft auflösen. Das kann frustrierend sein, nähert sich aber schon dem Taoismus, nach dem Motto: „Der Weg ist das Ziel".

Es mag amüsieren, dass dieser Ausspruch nicht nur Lao-Tse, sondern auch Konfuzius zugeschrieben wird. Von beiden gibt es chinesische Textstellen, die, obwohl verschieden, angeblich bei sehr freier Übersetzung in der obigen Form wiedergegeben werden können. Der deutsche Ausspruch hat sich wohl, mit der Konnotation, altchinesischen Ursprungs zu sein, erst in der weiblich werdenden Welt gebildet. Hier vermischen sich philosophische Lehren mit weiblicher Lebensweisheit. Goethe kannte beides. Seine Quintessenz „Wer immer strebend sich bemüht, den können wir erlösen" kombinierte er mit der Erkenntnis „Das Ewig-Weibliche zieht uns hinan".

Es wäre zu erwarten, dass die Eigenart der Frauen, mit beharrlicher verbaler Kritik permanent und konstruktiv an einer Verbesserung der gemeinsamen Lebenssituation zu arbeiten, sich auch im gegenwärtigen Wandel der Welt bemerkbar macht. Manche können sich noch an die 68er erinnern, eine Bewegung, die von vielen der damals älteren Generation als „Nörgeln" empfunden wurde, ging sie doch von jungen Leuten gutbürgerlicher Herkunft aus, die eigentlich mit ihrer Situation hätten zufrieden sein können. Man brachte sozialrevolutionäre verbale Botschaften friedlich zur Geltung und setzte damit tatsächlich positive Entwicklungen in Gang. Ähnlich verlief die friedliche Revolution in der DDR, die zum Mauerfall führte. Auch sie war nicht aus einem echten materiellen Notstand geboren worden, sondern diente dazu, verbaler Kritik Gehör zu verschaffen, Verbesserungen des täglichen Lebens anzumahnen.

Der weibliche Weg ist gewaltlos. Gewaltlose Revolutionen wurden im 20. Jahrhundert populär, beginnend mit Mahatma Gandhi und Frauenrechtlerinnen der westlichen Welt sowie der Bürgerrechtsbewegung der Afroamerikaner in den USA. Es wurde nicht die gewaltsame Einnahme strategischer Positionen des Feindes angestrebt. Vielmehr genügte es, mittels kleiner Schritte (Sit-ins, Streiks, Demonstrationen, ziviler Ungehorsam) verbale Kritik in den Fokus der öffentlichen Aufmerksamkeit zu rücken, um seine Ziele zu erreichen.

Selbst da, wo heute noch Gewalt auftritt, wird sie in kleinen Portionen eingesetzt. Beispiel ist der Dschihad. Im sechsten Jahrhundert begann eine gewaltige islamische Expansion, die sich bis ins achte Jahrhundert fortsetzte. Getragen wurde sie von riesigen Heeren und großen Schlachten. Der heutige Dschihad des „Islamischen Staates" verfolgt immer noch das gleiche Ziel: Ein Territorium für den Islam zu erobern. Im Gegensatz zu früher bedient er sich aber terroristischer Aktivitäten nach dem Prinzip der Nadelstiche (kleine Schritte). Auch das passt leider zur weiblich werdenden Welt.

Beharrliche Verbesserungen in kleinen Schritten begegnen uns heute überall: unzählige je für sich unnötige kleine Verbesserungen, die in ihrer Gesamtheit zu greifbaren Fortschritten führen. Nicht nur die Modewechsel in der Textilbranche, auch ständige Upgrades der Betriebssysteme unserer PCs und immer neue Modelle bei Smartphones und in der Automobilindustrie sind symptomatisch. In der Welt des Mannes ging es um die ganz großen, bahnbrechenden, weltbewegenden Erfindungen – das Erlegen des Wildes. Mit Kleinigkeiten gab er sich nicht ab. Die kleinen Schritte sind weibliche Eigenart, selbst in der Technik. Die Spezialisten sind (noch) mehrheitlich Männer, aber die Vorgehensweise ist weiblich.

In kleinen Schritten verbessert die Frau permanent ihre Umgebung. (Zumindest hält sie für Verbesserungen, was sie tut.) Der Mann in der Partnerschaft wird da nicht verschont. Er ist der erste Adressat ihrer beharrlichen verbalen Kritik. Unmerklich wird er von ihr umgeformt, zum Hausmann gemacht. Der Prozess ist bekannt und wurde Betaisierung genannt (Fischer, 2008), weil der frühere Alpha-Mann sich zum Beta-Mann wandelt. Dieser ist dann haushaltstauglich, allerdings nicht mehr so attraktiv für die Frau.

Eine Zwickmühle für die Frau?

Nicht unbedingt. Wenn der Mann an Attraktivität für Frauen verliert, verringert sich die Gefahr seiner Untreue und er bleibt ihr erhalten (sofern sie das dann noch will).

Zum Schluss dieses Kapitels gilt es nun doch, auch einmal eine Lanze für die Männer zu brechen: Sie können auch beharrlich sein. In Tanzschulen, Sprachkursen und vielen Fortbildungsveranstaltungen lässt sich immer wieder ein Phänomen beobachten: Am Anfang herrscht Frauenüberschuss, am Ende bleiben mehr Männer. Da scheinen die Männer beharrlicher zu sein.

In Wahrheit sind beide Geschlechter auf ihre Weise beharrlich. Im vorliegenden Fall beruht das Phänomen darauf, dass der Charakter der Veranstaltungen sich ändert. Am Anfang sprechen sie vor allem die Neugier an. Frauen sind Neuem gegenüber aufgeschlossener als Männer. Das hat damit zu tun, dass in der Frühzeit die Männer das Revier verteidigen mussten. Sie wehrten Fremde ab. Gewährten sie jedoch jemandem Zutritt zur Horde, nahmen die Frauen sie/ihn freundlich und wohl auch neugierig auf und interagierten mit ihr/ihm.

Zurück zu den Kursen: Nach einiger Zeit handelt es sich nicht mehr um das Kennenlernen von etwas Neuem, sondern um Spezialisierung. Das übernahmen in der Frühzeit die Männer. Sie hatten bei der Jagd ihre speziellen Aufgaben, für die sich als besonders begabt herausgestellt hatten. Frauen waren Allrounder. Sie mussten in der Höhle einander oft die Aufgaben abnehmen, wenn beispielsweise eine von ihnen schwanger wurde. Wenn also aus dem Hineinschnuppern ein ausgewachsenes Hobby werden soll, verlassen viele Frauen die Kurse und machen einen anderen kleinen Schritt, probieren etwas anderes aus. Sie sind auf ihre Art immer noch beharrlich – ihr Programm ist nur eben umfassender als jeder einzelne Kurs es sein könnte: Sie wollen so viel Neues wie möglich kennenlernen.

Risikoaversion und Bescheidenheit

Wenn Männer sich durch Frauen kritisiert fühlen, sollten sie vor allem eins bedenken: dass Frauen mit sich selbst noch viel kritischer ins Gericht gehen. Frauen sind nie mit sich zufrieden. (Deshalb verbringen sie so viel Zeit vor dem Spiegel.)

Grundsätzlich unterschätzen sie sich selbst (Sieverding, 2003). In Frauengruppen spielen sie ihre Erfolge herunter, wollen auf keinen Fall überheblich wirken. Da wirkt Gruppenzwang. Die Stutenbissigkeit als demokratischer Mechanismus führt in Frauengruppen dazu, dass die Mitglieder der Gruppe darauf achten, dass keine von ihnen zu mächtig wird. Da alle Mitglieder der Gruppe das wissen, hütet sich jede Einzelne, in die Schusslinie zu geraten. Sie hält sich zurück, stapelt notfalls tief. Das kann sogar so weit gehen, dass sie sich selbst über ihren Wert belügt (Mika, 2011). Andererseits kann man es auch positiv formulieren: Frauen sind bescheiden und vermeiden Konflikte (Böing, 2009, S.329). Die Wurzeln dieses Verhaltens lassen sich wieder bei den Höhlenmenschen finden. Männer mussten bei der Jagd Risiken eingehen, Frauen mussten bei der Kinderbetreuung Gefahren minimieren, Risiken vermeiden. Daraus resultierten verschiedene Verhaltensweisen bei Gefahr: Männer reagierten mit Gegenwehr, Frauen mit Flucht (darum die längeren Beine).

Im beruflichen Umfeld wird Frauen ihre geringere Risikobereitschaft oft negativ angelastet (Steffens & Ebert, 2016). Auch die Bescheidenheit führt dazu, dass Frauen im Berufsleben manchmal weniger erreichen als ihnen zustünde. Der Volksmund sagt: „Bescheidenheit ist eine Zier, doch weiter kommt man ohne ihr." Leider ist es oft so in unserer Welt. Noch. Es liegt daran, dass die Menschheit bisher männlich war. In einer weiblichen Welt wird Bescheidenheit gewürdigt werden.

Umgekehrt wird die männliche Risikobereitschaft erstaunlicherweise bisher meist als produktiv gewürdigt, obwohl sie nicht immer angebracht ist. Oft wäre stattdessen verantwortliches Handeln gefragt. Wo Risikobereitschaft bei der männlichen Menschheit hingeführt hat, erleben wir beim Klimawandel. Dazu passt, dass in Deutschland jahrzehntelang Atommüll produziert wurde, bevor eine Lösung für die Endlagerung gefunden worden war. Es wurden einfach die Gefahren ignoriert und volles Risiko gefahren. Tschernobyl reichte nicht, es musste noch Fukushima hinzukommen. Das entsprach der männlichen Verhaltensweise, Erfolg um jeden Preis zu erstreben. Inzwischen besteht Hoffnung, dass eine weiblich geprägte Politik gegensteuert. Der Ausstieg aus der Atomenergie ist in Deutschland beschlossene Sache.

Letztlich ist es ein Zeichen von Bescheidenheit, dass die Frau nicht lösungsorientiert vorgeht. Sie maßt sich eben nicht an, jedes Problem lösen zu können. Umgekehrt ist der männliche Anspruch, immer eine vollständige Lösung für jedes Problem finden zu wollen, geradezu Ausdruck von Überheblichkeit. Der Frau hilft ihre vorgangsorientierte Verhaltensweise, auch mit unlösbaren Situationen zurechtzukommen: Sie findet Strategien, die eventuell auch in solchen Situationen zu gangbaren Kompromissen führen können und notfalls wenigstens ein Überstehen der Krise ermöglichen.

Das äußert sich natürlich auch im Kollektiv der weiblich werdenden Menschheit. Wer hat sich nicht schon einmal geärgert, wenn in der Politik Probleme auf die lange Bank geschoben wurden, statt sie zu lösen? Der Anspruch, sie zu lösen, wird zwar erhoben, aber nur als Lippenbekenntnis. In Wahrheit ist man bescheiden geworden, will nicht den großen Sieg – man will nur mit der Situation leben können. Rilke schrieb: „Wer spricht vom Siegen? Überstehen ist alles." Aus diesen Worten spricht Weisheit: Nicht immer kann eine vollständige Lösung erreicht werden, nicht immer ist sie auch nur wünschenswert.

Als Beispiel dient der erste Irakkrieg 1990-1991, in dem auf die endgültige Zerschlagung des Saddam-Hussein-Regimes verzichtet wurde, um nicht durch ein Machtvakuum im Irak die ganze Region zu destabilisieren. Seinerzeit die richtige Entscheidung, wie die chaotische Entwicklung nach dem zweiten Irakkrieg von 2003 bewies.

Im ersten Irakkrieg manifestierte sich auch das weibliche Bestreben, Konflikte klein zu halten, notfalls unter Hintanstellung eigener Interessen. Das geht in einer weiblich werdenden Welt so weit, dass diplomatische Strategien selbst im Angesicht gegnerischer kriegerischer Aktivitäten beibehalten werden. Das war in den letzten hundert Jahren immer wieder zu beobachten, z.B. bei der Appeasement-Politik Großbritanniens gegenüber Hitler, bei der Untätigkeit der Blauhelme in Srebrenica, bei der Sanktionspolitik des Westens nach der Annexion der Krim durch Russland, bei der Scheu, Bodentruppen gegen den IS einzusetzen. Diese Taktik ist nicht in jedem Fall negativ zu bewerten. Letztlich führt sie oft zu gewissen Erfolgen, insbesondere in Hinblick auf das Ziel, eigene Verluste soweit möglich zu vermeiden.

Zur Bescheidenheit gehört einiges. Bescheidenheit beginnt damit, seine Grenzen zu erkennen und – vor allem – zu akzeptieren, nicht das Unmögliche zu erstreben. Der Muttersohn kann aufgrund seines Narzissmus keine Grenzen akzeptieren. Die Muttertochter jedoch kann es und tut es. Seit die Menschheit begonnen hat, muttertochterartig zu werden, erkennt sie ihre Grenzen in immer stärkerem Maße.

Grenzen: Quantenmechanik und Gödel

In der Physik ist es nicht lange her und ein Zeichen der weiblich werdenden Welt, dass man seine Grenzen erkannt und akzeptiert hat. Im mechanistischen Zeitalter des 19. Jahrhunderts ging man noch davon aus, im Prinzip das ganze Weltgeschehen auf mechanische Vorgänge zurückführen zu können. Die Mechanik beschreibt die infinitesimalen Bewegungen, d. h. die Bewegungen im Kleinsten, mittels Differenzialgleichungen, die dann gelöst, man sagt „integriert" werden müssen, um die Bewegung im Großen zu beschreiben. Damit sollte sich im Prinzip alles, was man wissen möchte, aus einer geeigneten Momentaufnahme exakt vorhersagen lassen, es würde alles auf strenger Kausalität beruhen. Sinnbild dieses Wunschtraums des Muttersohnes war der Laplacesche Dämon, eine hypothetische überlegene Intelligenz, die in der Lage sein sollte, mittels der damals bekannten Physik aus dem vollständig bekannten Zustand der Welt zu einem gegebenen Zeitpunkt den Zustand der Welt zu jedem beliebigen früheren oder späteren Zeitpunkt zu berechnen. Man glaubte, mehr oder weniger am Ziel der wissenschaftlichen Entwicklung angekommen zu sein. Es gäbe vielleicht noch das eine oder andere Detail auszuarbeiten, aber im Wesentlichen sei die Physik fertig. Ein Fall von Hybris.

Das Schlupfloch, das diese Überheblichkeit ermöglichte, war die Einschränkung „im Prinzip". Die Integration der Bewegungsgleichungen ist nämlich beileibe kein triviales Problem. In geschlossener Form ließ sie sich nur in den wenigsten Fällen bewerkstelligen. In nicht-integrablen Fällen musste numerisch vorgegangen werden. Das konnte beliebig lange Rechenzeiten erfordern und lieferte letztlich doch nur eine genäherte, keine exakte Lösung. Man konnte jedoch, wenn man Probleme nicht lösen konnte, einfach darauf verweisen, dass die Lösung mehr Zeit in Anspruch nehmen würde. So schob man ungelöste Probleme einfach vor sich her.

Das Ganze stürzte in sich zusammen, als man sich Anfang des 20. Jahrhunderts bei der physikalischen Beschreibung des Atombaus in Widersprüche verwickelte. Die Systeme zeigten mal Teichen-, mal Welleneigenschaften. Ein Dualismus, den es in der klassischen Mechanik nicht gab. Man kam nicht weiter.

Erst nach einigem Hin und Her formte sich eine neue Theorie, die damit fertig wurde: die Quantenmechanik. Sie war die erste physikalische Theorie, welche die prinzipielle Unfähigkeit des Menschen akzeptierte, alles wissen zu können. Das war seinerzeit revolutionär und wurde nur durch einen Generationenwechsel der Wissenschaftler akzeptiert.

Ein Beispiel für die Unfähigkeit, alles zu wissen, ist die berühmte Heisenbergsche Unschärferelation von 1927, die besagt, dass es unmöglich ist, Ort und Impuls eines Elementarteilchens gleichzeitig exakt zu kennen. Wenn die Masse bekannt ist, kann man nicht Ort und Geschwindigkeit gleichzeitig kennen. Daher der folgende Physikerwitz: „Heisenberg war mit dem Auto unterwegs und wurde von der Polizei angehalten: 'Wissen Sie, wie schnell sie gefahren sind?!' 'Nein, aber dafür weiß ich, *wo* ich war.'"

Allgemeiner gibt es miteinander „inkommensurable Observablen", die nicht gleichzeitig messbar sind.

Da, wo die menschliche Unwissenheit ins Spiel kommt, werden deterministische durch statistische Aussagen ersetzt. Der Laplacesche Dämon ist nun begrifflich unmöglich geworden, der Traum vom Determinismus geplatzt. Die Entwicklung der Welt kann nicht mehr als vorherbestimmt angesehen werden.

Man kann die klassische Mechanik als eine Theorie der muttersohnartigen Menschheit identifizieren; in der Quantenmechanik jedoch erkennt man eine Theorie der Muttertochter.

Die Muttertochter schuf damit eine Theorie, die zwar funktionierte und nützliche Aussagen lieferte, aber nicht vorgaukelte, der Weisheit letzter Schluss zu sein. Dabei spielt es keine

Rolle, dass die Theorie fast ausschließlich von Männern entwickelt wurde. Nicht die Individuen steuern das Kollektiv, das Kollektiv steuert die Individuen.

Rom wurde nicht an einem Tag erbaut.

Die Anmaßung, alles berechnen zu können, hatte auch nach der Etablierung der Quantenmechanik noch kein Ende. Im Gegenteil, die Erfolge der Quantenmechanik bei der Erklärung des Molekülbaus führten zum Phänomen des Reduktionismus bezüglich der Chemie. Es wurde postuliert, dass bei ausreichender Rechenleistung der Computer sämtliche Aussagen der Chemie durch physikalische Rechnungen reproduziert werden könnten. Chemie sei demnach nichts anderes als angewandte Physik, sie sei auf Physik reduziert worden.

Dieser Standpunkt ignorierte jedoch, dass auf der nächsthöheren Ebene einer Theorie emergente Phänomene auftreten können, die holistischen Charakter haben. Mit anderen Worten: Das Ganze ist mehr als die Summe seiner Teile. Das Reaktionsverhalten funktioneller Gruppen zum Beispiel erschließt sich erst aus einer Vielzahl chemischer Experimente, gekoppelt mit Beobachtungen von makroskopischen Eigenschaften der Substanzen. Man hätte es aus einzelnen quantenmechanischen Rechnungen nicht herleiten können.

Vor allem unterscheiden sich die Vorgehensweisen von Physik und Chemie grundlegend. Während man die Vorgehensweise der Physik bathogen (Tiefe erzeugend) nennen könnte, wäre die der Chemie als taxogen (Ordnung erzeugend) zu bezeichnen. Man muss die Disziplinen als verschieden ansehen. Es ist noch gar nicht so lange her, dass die Wissenschaft in diesem Fall die Grenzen der Reduktion anerkannte (Primas, 1981, Liegener & Del Re, 1987a, 1987b, Liegener, 1994).

Ähnlich verhält es sich mit der Biologie. Aus tiefer liegenden Wissenschaften wie Physik und Chemie höhere Ebenen wie die der Biologie konstruieren zu wollen, verkennt die Eigenheit komplexer Begriffsbildungen. Das Leben tritt uns als eine emergente Eigenschaft phänomenologisch entgegen und kann als solche erklärt werden, hätte sich aber aus den Gesetzen der Physik und Chemie nicht vorhersagen lassen.

Der Drang, Phänomene auf zugrunde liegende Gesetzmäßigkeiten zurückzuführen, der analytische Ansatz, kennzeichnet eine männliche Ausprägung von Wissenschaft. Dieses Vorgehen versucht sich an einer durchgängig rationalen Erklärung der Welt – ein männlicher Wunschtraum. Man unterliegt jedoch einem Irrtum, wenn man behauptet, man hätte eine Erscheinung vorhersagen können, nur weil man sie a posteriori erklärt und verstanden zu haben glaubt. In der darin liegenden Anmaßung kann man den Muttersohn erkennen.

Der holistische Ansatz, die ganzheitliche Betrachtungsweise, die der Situation angemessen wäre, erfordert Intuition und eine gewisse Bescheidenheit in der Erklärung der Welt. Dieser Zugang kann als weiblich eingeordnet werden. Einstein dazu: „Der intuitive Geist ist ein heiliges Geschenk und der rationale Geist ein treuer Diener. Wir haben eine Gesellschaft erschaffen, die den Diener ehrt und das Geschenk vergessen hat." Das ändert sich in der weiblich werdenden Welt. Mehr und mehr kommt in unserer Zeit die holistische Sicht in der Wissenschaft zum Zuge, mehr und mehr wird der Muttersohn zur Muttertochter.

Auch die prinzipiellen Grenzen der Mathematik wurden erkannt. Meilenstein war 1931 die Veröffentlichung der Gödelschen Unvollständigkeitssätze. Der erste Satz besagte, dass es in Systemen wie der Mathematik immer unbeweisbare Aussagen geben muss, der zweite, dass es unmöglich ist, innerhalb eines solchen Systems dessen Widerspruchsfreiheit zu beweisen. Hilbert hatte es noch 1921 zum Programm machen wollen, die Widerspruchsfreiheit der gesamten Mathematik zu beweisen. Dieses vom damaligen Zeitgeist geprägte Vorhaben hatte sich nun nach dem zweiten Unvollständigkeitssatz als unmöglich erwiesen. Auch hier hatte die Menschheit ihre Grenzen anerkannt, ihren Narzissmus abgestreift, hatte die Wandlung zur Muttertochter eingeleitet.

Selbst in der Philosophie werden mittlerweile kleinere Brötchen gebacken. Die Zeit der großen, allumfassenden Systeme, die die ganze Welt schlüssig erklären sollten, ist vorbei. Sie hatte ihre letzte Blüte im 19. Jahrhundert, im deutschen Idealismus. Die Auswirkungen jener Welterklärungstheorien reichten durch ihren Einfluss auf den Kommunismus bis ins 20. Jahrhundert hinein. Die Tradition unerfüllbarer Träume von grenzenlosem Wissen reicht von den Alchimisten des Mittelalters, über die Universalgelehrten der Renaissance bis eben zu jenen Systemphilosophen des 19. Jahrhunderts (übrigens alles Männer).

Den übertriebenen Ehrgeiz, die ganze Welt erklärbar zu machen, hat man heute nicht mehr. Im 20. Jahrhundert schraubte man seine Ziele herab. Die Philosophie erhebt zwar immer noch den Anspruch, das große Ganze zu behandeln, musste aber die spezielle Vorgehensweise aufgeben, die Welt als objektiv gegenständlich zu betrachten. Das Problem bei diesem Vorgehen ist, dass das philosophierende Subjekt theoretisch mitberücksichtigt werden müsste, da es, wie im Fall von Karl Marx, mit seiner Philosophie wiederum die ganze Welt beeinflussen kann. Die Berücksichtigung dieses Einflusses würde zu einer rekursiven Philosophie führen, die im Prinzip nie abgeschlossen sein würde. Die neuere Philosophie ist nicht mehr auf der Suche nach letzten Erkenntnissen, sie betreibt Wissenschaft in kleinen Schritten und das nicht nur, weil Frauen aktiv daran teilnehmen.

Männliche Lügen haben kurze Beine

Männer lügen und Frauen durchschauen sie. So sagt man. Allan und Barbara Pease stellten fest, dass Frauen und Männer zwar statistisch gleich viel lügen, aber Männer öfter ertappt werden als Frauen (Pease & Pease, 2002). Die sozialen Antennen einer Frau scheinen sie zu befähigen, jede männliche Lüge im Ansatz zu erkennen und mit Leichtigkeit zu entlarven. Wenn das auf die weiblich werdende Menschheit zutrifft, so wird sie in Zukunft all die Lebenslügen ihrer männlichen Vergangenheit zum Einsturz bringen und keine neuen mehr zulassen.

Manche Lügen der Vergangenheit dienten sowieso nur dazu, Zeit zu gewinnen, und brachen dann in sich zusammen (Walter Ulbricht: „Niemand hat die Absicht, eine Mauer zu bauen"). Bei anderen hoffte der Urheber, dass sie halten würden, was sie dann doch nicht taten (Bill Clinton: „I did not have sexual relations with that woman"). Wieder andere mussten als Kriegsvorwand herhalten, wie die Behauptung von der Bedrohung durch Massenvernichtungswaffen im Irak (US-Administration, heute will keiner verantwortlich gewesen sein). Abermals andere wuchsen sich zu Affären aus: Watergate, NSA, Flick, Barschel usw.

Lügen in der Politik sind so häufig geworden, dass sogar die Hypothese aufgestellt wurde, dass sie zum Spiel gehören, dass gekonntes Lügen in der Politik als Tugend aufgefasst werden könne (Jay, 2012).

Es besteht ein Unterschied zwischen weiblichen und männlichen Lügen. Frauen lügen, um anderen einen Gefallen zu tun, Männer, um selbst einen Vorteil zu erlangen (Pease & Pease, 2002, S. 303). Das hat zur Folge, dass männliche Lügen kritischer unter die Lupe genommen werden als weibliche. Da könnte man sich wundern, dass Männer trotz des eindeutig höheren Entdeckungsrisikos immer wieder lügen; und doch gibt es dafür eine einfache evolutionspsychologische Erklärung: Da Männer lösungsorientiert arbeiten, glauben sie zuweilen, dass zum Erreichen des alles in den Schatten stellenden Zieles (das Erlegen des Wildes) die Lüge als taktisches Manöver erlaubt sein könnte. Sie denken nur bis zu jenem großen gerade verfolgten Ziel. Bei der Jagd blendet der Mann alles andere aus – da kann schon mal etwas zu Bruch gehen (wie bei der Fliegenjagd).

Frauen agieren vorsichtiger. Sie setzen vor allem, da sie vorgangsorientiert handeln (Pease & Pease, 2002, S. 195), keine Zäsur und bedenken fortwährend, wie es weitergehen soll. Ihre Lügen, wenn es denn zu welchen kommen sollte, werden sorgfältig konstruiert, überzeugend vorgetragen, ausdauernd gepflegt und verschmelzen irgendwann mit einer gegebenenfalls manipulierten Wirklichkeit.

Politik in einer weiblich geprägten Welt wird ohne egoistische Lügen auskommen. Es geht nicht mehr um persönliche Erfolgserlebnisse, um Selbstverwirklichung oder Selbstdarstellung einzelner Politiker, nicht mehr um Macht. Man bespricht auftretende Probleme gemeinsam und arbeitet gemeinsam daran, sie erträglich zu machen. Man versteht und durchschaut sich gegenseitig. Echte Lügen hätten keine Chance.

Schon jetzt werden große Lügen immer kurzlebiger; bald werden sie gar nicht mehr auftreten. Wir leben in einer Zeit der Enthüllungen. Es gehört mittlerweile zum Alltag, dass nach und nach viele Fragen, die uns lange beschäftigt haben, beantwortet werden, neue wie alte.

Nicht nur Lügen werden aufgedeckt, sondern alles, was bisher vertuscht oder nicht ausreichend untersucht wurde. Alles wird gnadenlos durchleuchtet. Immer neue Entwicklungen wie Zugang zu DNA-Analysen, Forensik, Digitalisierung und Bearbeitung alter Dokumente, Ablauf von Verjährungsfristen, eine Flut von Daten aller Art, die durch Suchmaschinen zugänglich gemacht werden, ermöglichen dies. So wissen wir heute, dass Tutanchamun nicht ermordet wurde, die noch unveröffentlichten Akten zum Kennedy-Attentat werden ab dem 26.10.2017 zugänglich gemacht werden, auch die geschredderten Stasi-Akten werden, sofern noch nicht geschehen, rekonstruiert werden, verschiedenste UFO-Akten werden freigegeben werden, die Todesumstände von Ötzi werden geklärt werden. Die ganze Wahrheit über das Ungeheuer von Loch Ness, das MK-ULTRA-Projekt, die CDU-Spendenaffäre, die Nazca-Linien und das „Wow!"-Signal wird an den Tag kommen, Zufallsfunde werden auf die Spur verschollener Verkehrsflugzeuge führen ...

Eine Zeit aufregender Erkenntnisse liegt vor uns.

Handel

Die Vergangenheit wird aufgearbeitet, nicht nur durch Digitalisierung vorhandener Informationen und Klärung ungelöster Fragen, auch materiell. Der Antiquitätenhandel boomt. Immer mehr Menschen kramen ihre alten Erbstücke heraus und bieten sie zum Kauf an, in der Hoffnung, dass sie etwas wert sein könnten. Andere stürzen sich auf die angebotenen Stücke, um sich eine Pseudovergangenheit aufzubauen. Sie haben plötzlich bemerkt, dass ihnen etwas fehlt, nachdem sie ihre eigene Vergangenheit lange vernachlässigt hatten. Die Erinnerung an die Vergangenheit gehört zur Pflege der Familie und fällt damit in den weiblichen Zuständigkeitsbereich. Sie wird in einer weiblich werdenden Welt zunehmen.

Aber nicht nur der Antiquitätenhandel erlebt einen Aufschwung, der Handel allgemein blüht.

Wer sagt, dass nur Frauen gerne shoppen?

Es mag lange so gewesen sein und fing in der Steinzeit an. Während die Männer auf die Jagd gingen, war es eine Aufgabe der Frauen, alles Mögliche zu sammeln (Früchte, Pilze, Kräuter, was immer die Natur bot). Sie gingen auf Shopping-Tour – zum Wohl der Horde. In der weiblich werdenden Welt wird nun auch der Mann vom Shopping-Fieber angesteckt. In den Internetportalen für Online-Kauf tummeln sich mindestens so viele Männer wie Frauen. Die Umsätze explodieren.

Viele Online-Käufe laufen über Auktionen. Dabei gilt oft ein Zeitlimit, nach dessen Ablauf die Auktion beendet wird. Das führt dazu, dass sogenannte „Sniper" in letzter Sekunde ihre Gebote abgeben, damit der Preis nicht durch Folgebieter in die Höhe getrieben werden kann. Das kommt Männern entgegen: Sie überlegen sich ihren Preis und bieten ihn. Fertig.

Ganz anders Frauen. Sie sind von „Snipers" frustriert, da sie die Interaktion bevorzugen, für ihre Preisfindung die Reaktionen anderer Auktionsteilnehmer benötigen. So treiben sie sich gegenseitig in die Höhe – und genießen es! Wieder das alte Lied: Männer machen einen großen Schritt, Frauen viele kleine. Männer würden das weibliche Bieterverhalten als nicht autonom rügen, Frauen würden das männliche Verhalten als langweilig bezeichnen. Für Frauen besteht Handel eben nicht nur in einer sachlichen Transaktion, sondern beinhaltet auch ein soziales Ereignis.

In der weiblich werdenden Welt tragen einige Internet-Auktionshäuser dem inzwischen Rechnung, indem sie zum Schluss der Auktion noch eine Live-Phase einfügen, in der die Teilnehmer so lange bieten können, bis keine Gebote mehr eingehen und ein betreuender Auktionator die Auktion schließt. Man kann auf Gebote reagieren wie bei Auktionen im realen Leben.

Diese sind natürlich erst recht ein Paradies für Frauen. Sie erweisen sich als soziale Ereignisse mit Shopping-Charakter. Ihre Zahl steigt rasant an.

Es gibt kaum Schöneres für Frauen, als miteinander über ihre Einkäufe zu plaudern. Typische Frauengespräche. Man gibt sich Tipps, tauscht Erfahrungen aus. Wem das nicht reicht, der kann sein Publikum beliebig vergrößern. Im Internet können Erfahrungsberichte als Bewertungen veröffentlicht werden. Inzwischen gibt es Bewertungsportale für fast alles: Reiseanbieter, Reiseziele, Hotels, Restaurants, Schwimmbäder, Markenartikel, Finanzdienstleister, Versicherungen, Geschäfte, Ärzte, was das Herz begehrt. Die Bewertungen werden gern gelesen und zur Entscheidungsfindung herangezogen. Sie werden – typisch weiblich – auch gern geschrieben.

Vom Handel im Kleinen zum Handel im Großen.
In einer globalisierten Wirtschaft gedeiht der Handel zwischen Entwicklungsländern und Industrienationen. Obwohl schon Aristoteles erkannt hatte, dass in gewissen Konstellationen der Handel nach den Regeln des freien Marktes moralisch nicht gerechtfertigt sein könnte, gab es seit dem Zeitalter der Kolonialisierung immer wieder Ausbeutung im Handel der westlichen Welt mit unterentwickelten Staaten. Erst im Zeitalter der weiblich werdenden Welt begann man, peu à peu morali-

sche Bedenken zu entwickeln. Die weibliche Fürsorge für die ärmeren Länder gewann die Oberhand über egoistische Interessen. Man wollte die Partner nicht mehr übervorteilen. Ziel war, auf Preisgerechtigkeit zu achten, gerechte Preise statt Marktpreise durchzusetzen. Gerechte Preise sollten solche sein, die den Produzenten ein angemessenes Leben ermöglichen. Als Mittel zur Erreichung dieses Ziels wurde das Fair-Trade-Siegel eingeführt. Es verbreitete sich in den 90er Jahren und gab dem Verbraucher die Macht, Einfluss auf die Preisgestaltung im Handel mit Ländern der Dritten Welt zu nehmen. Der Handel mit derart gesiegelten Produkten nahm seither stetig zu.

Hier gelang es, den freien Markt mit seinen eigenen Waffen zu schlagen. Dazu wurde der moralische Wert zum Handelsgut gemacht. Auf den ersten Blick mag das zynisch erscheinen, aber es funktioniert und führt tatsächlich zu mehr Moral im Handel. Auf diese Weise lassen sich moralische Maßstäbe demokratisch umsetzen. Das ist der weibliche Weg.

Der männliche, alles durch Gesetze und Erlasse zu regeln, wäre weniger wirksam gewesen und würde die Mündigkeit der Menschen ignorieren.

Als weiblich erweist sich in dem Fall also nicht nur das Ziel, sondern auch der Weg. Weitere ähnliche Ansätze, den Handel in einer weiblich werdenden Welt an moralische Werte anzupassen, begegnen uns an vielen Stellen. Nachhaltigkeitsfonds und islamische Banken seien als Beispiele genannt.

Moderne und Postmoderne

Kunst spiegelt die Gesellschaft wider. Über viele Jahrhunderte – von der Steinzeit bis zur Neuzeit – wurde in der bildenden Kunst Wichtiges und Allgemeingültiges als Motiv gewählt: biblische Szenen, Götter- und Sagengestalten, Portraits hochstehender Persönlichkeiten, gestellte Szenen aus dem Leben des Adels, Allegorien, Brauchtum, große Landschaften. Das Allgemeine, Wichtige und Große ist Sache des Mannes. Im 16. Jahrhundert begannen die Bruegels und Lucas von Leyden, Alltagsszenen im bäuerlichen Milieu darzustellen, die menschliche Schwächen aufzeigen sollten. Noch war der erhobene Zeigefinger des Muttersohnes zu erkennen. Die nachfolgende Genremalerei in den Niederlanden des 17. Jahrhunderts stellte zwar schon die Lebenswelt dar, aber man bevorzugte die der höheren Schichten, wenn auch die Bediensteten dazugehörten. In der Romantik am Ende des 18./Beginn des 19. Jahrhunderts bekam die Kunst mit der Darstellung von Gefühlen erstmals einen weiblichen Touch. Es schloss sich der Realismus an. Alltägliche Szenen einfacher Leute wurden Gegenstand der Kunst. Man wollte ihre Wirklichkeit darstellen, wie sie tatsächlich war. Mit dem Übergang zum Biedermeier wurde diese Wirklichkeit zum Idyll, aber wieder ging es um die kleinen Leute, das kleine Glück. Im Impressionismus wurde schließlich der flüchtige Augenblick entdeckt, im Gegensatz zum bedeutungsschwangeren

Moment. Der Blick für das „Kleine", das Persönliche, das Flüchtige, das Konkrete ist Frauensache. Einen neuerlichen Gefühlsausbruch gab es im Expressionismus. Man hätte damals schon denken können, die Kunst hätte sich der weiblich werdenden Welt gebeugt. Aber nein, der Muttersohn meldete sich noch einmal mit Macht zurück.

Die klassische Moderne war ein vorläufig letztes Aufbäumen des Muttersohnes in den schönen Künsten. Das Einreißen überkommener Formen, um sich selbst als Neuerer darzustellen, kennzeichnete diese Kunstform. Selbstherrlichkeit und Narzissmus paarten sich mit destruktiver Kreativität, zwanghafter Neuerungssucht. Da trat noch einmal der Muttersohn in Erscheinung – der selbstherrliche Zerstörer, dem schließlich die Selbstzerstörung drohte.

Nachdem die alten Formen hemmungslos über Bord geworfen worden waren, ohne an ihre Stelle neue zu setzen, drohte der Kunst der Verlust ihres Selbstverständnisses. Hier tobte sich die Muttersohn-Manifestation der Menschheit noch einmal aus. Das hört sich negativ an, ist aber gar nicht so gemeint. Um es zu noch einmal zu sagen: Der Muttersohn hat das Potential zum Besonderen. Er kann Großes schaffen. Die klassische Moderne hat trotz aller Kritikpunkte wunderbare Kunstwerke hervorgebracht, die keiner missen möchte. Das soll aber nicht den Blick für eine kulturpsychologische Einordnung dieser Phase verstellen. Tatsächlich bildete sich damals wieder ein muttersohnartiger Zustand des Kollektivs heraus, wobei abermals nicht die einzelnen Künstler Muttersöhne sein mussten (Pablo Picasso, Franz Mark, Paul Klee, um nur einige zu nennen, waren es nicht). Der muttersohnartige Geist hatte eine neue, wahrscheinlich letzte Stufe erklommen. Unbehagen und Kritik an jener Ausprägung der Kunst blieben nicht aus. Die Zeit war reif.

Die Postmoderne überwand das Despotische, das der Moderne innewohnte. Im Gegensatz zu einem vorherrschenden Programm wurde nun Heterogenität zugelassen (Lyotard, 2012). Der Zwang, immer etwas „Neues" zu präsentieren, wurde zurückgenommen. Stattdessen wandte man sich dem Vorhandenen zu, zitierte ausgiebig, setzte Bekanntes in andere Kontexte, kam auf das Prinzip der Collagen zurück, betonte Vielseitigkeit, Facettenhaftigkeit. Ausgangspunkt war die Erkenntnis, dass die Welt nicht vollständig erfassbar ist, dass man sich ihr nur durch verschiedene „Erzählungen" von verschiedenen Seiten annähern kann, Erzählungen, die miteinander inkompatibel sein können. So entstand ein Relativismus der Annäherungen an die Welt. Toleranz musste Grundprinzip werden, damit eine solche Pluralität existieren konnte, damit man mit ihr umgehen konnte. Hier klingen Analogien zu den „inkommensurablen Observablen" der Quantenmechanik an sowie zu Kuhns (Kuhn, 1976) und Feyerabends (Feyerabend, 1963) epistemologischen Aussagen über inkommensurable Theorien, die sich auch mathematisch fassen lassen (Primas, 1981).

Die Akzeptanz der Heterogenität bedeutet ein Eingeständnis der eigenen Unfähigkeit, zu allgemeingültigen Aussagen zu kommen, eine Einsicht in die eigene Endlichkeit. Wie bei der Quantenmechanik weist das auf einen weiblichen Zeitgeist hin. In der Anerkennung von Grenzen, der Ausprägung von Toleranz, Offenheit und Kommunikationsbereitschaft, werden in der Postmoderne weibliche Tugenden betont. Die Heterogenität der Sichtweisen zieht nach sich, dass nicht mehr Autoritäten, graue Eminenzen über die Qualität von Kunst entscheiden. Demokratische Mechanismen greifen stattdessen. Man erhebt nicht mehr Anspruch auf eine allgemeingültige Wahrheit: „Kunst ist Magie, befreit von der Lüge, Wahrheit zu sein." (Theodor W. Adorno)

Hier hat die Kunst beim Übergang zu einer weiblichen Welt erst in der zweiten Hälfte des 20. Jahrhunderts einen vorläufigen Höhepunkt erklommen.

Allgemein lässt sich kein Zeitplan erstellen. Ebenso lassen sich Rückschläge nicht ausschließen. In einer weiblichen Welt wird es selten den großen „Überkünstler" geben. Jede/jeder, der Kunst machen will, kann sich einbringen und wird ermutigt. Das gemeinsame Erleben und Gestalten wird im Mittelpunkt stehen, nicht der Persönlichkeitskult. Gemischte Teams von Frauen und Männern werden neben schönen Kunstwerken nützliche Designs schaffen. Musik wird zum gemeinsamen Erlebnis, aber auch zur wohltätigen Veranstaltung. Die Brücke zum Gesellschaftlichen wird geschlagen.

Die Zukunft

Von David Orr stammt ein Zitat (Orr, 1994, S.12), das fälschlicherweise oft dem Dalai Lama zugeschrieben wird: „The plain fact is that the planet does not need more successful people. But it does desperately need more peacemakers, healers, restorers, storytellers, and lovers of every kind." – „Die einfache Tatsache ist, dass der Planet keine erfolgreichen Menschen mehr braucht. Aber er braucht dringend Friedensstifter, Heiler, Erneuerer, Geschichtenerzähler und Liebende aller Art." Es sind weibliche Eigenschaften, die gebraucht werden. Das ist die Zukunft. Prophetische Zeilen!

Der Prozess der Transgenderisierung der Menschheit dürfte sich über weitere Jahrzehnte, wenn nicht Jahrhunderte erstrecken. Es wird Fortschritte und kann Rückschritte geben. Die Richtung ist vorgegeben, aber nicht immer zu erkennen. Entsprechend vage muss das Bild jener zukünftigen Welt ausfallen. Eine Weltherrschaft ist nicht zu befürchten. Die UNO und andere Organisationen werden wohl weiterbestehen und neue könnten hinzukommen, aber Macht werden sie kaum haben. Die EU wird sich zurücknehmen müssen. Je einflussreicher sie wird, desto größer werden die Fliehkräfte. Der Brexit ist ein erstes Zeichen. Separatistische und nationalistische Tendenzen sind überall zu spüren. Der Zerfall in netzwerkartig verbundene kleinere Einheiten liegt in der Luft. Der Nationalismus nimmt zu. Das könnte die Idee einer europäischen Einheit gefährden. Wenn diese Idee überleben soll, muss die EU den Zeitströmungen Rechnung tragen und auf manche Kompetenzen auch einmal verzichten. Was die Menschen in einer weiblichen Welt wollen, ist ein loser Staatenbund, keine zentralistische Fremdherrschaft.

Die großen übernationalen Organisationen werden hauptsächlich der Abstimmung der Politik der einzelnen Staaten miteinander dienen. Sie können damit die Meinungsbildung beeinflussen; eingreifen werden sie kaum. Es wird sich mehr oder weniger um Kaffeekränzchen handeln. Regierungsform der Einzelstaaten, die in Vielzahl existieren werden und die auch miteinander konkurrieren dürfen, wird die Demokratie sein. Der Traum vom Weltfrieden wird sich nicht erfüllen, aber ein Weltkrieg ist auch nicht mehr zu erwarten. Kleinere Konflikte werden immer wieder aufflackern. Sie sorgen dafür, dass sich keine globalen Spannungen aufbauen.

Die Bedeutung von Rangordnungen in der Gesellschaft wird abnehmen, Hierarchien werden verschwinden. Das wird tief greifen. Ganz neue Formen der Sozialisation werden entstehen. Die Menschen werden anders miteinander umgehen. Symmetrische Beziehungen werden asymmetrische ersetzen. Menschliche Bindungen werden zahlreicher und unverbindlicher, nicht nur online, auch im realen Leben. Der Versuch, Seilschaften zu bilden, wird wohl immer wieder unternommen werden, aber demokratische Mechanismen werden verhindern, dass diese Bündnisse zu mächtig werden.

Status und Geld werden überflüssig werden. Der unsägliche Niedriglohnsektor wird Vergangenheit werden. Alle werden sorglos leben können, unabhängig von ihrer Arbeit. Die Arbeitslosigkeit wird bei einer zunehmend automatisierten Produktion weiterhin zunehmen. Für die vielen, die keine oder nur eine Teilzeitbeschäftigung haben, wird es Angebote geben. Ihnen eröffnet sich die Chance auf kulturelle Weiterbildung. Der Wissenschaftsbetrieb wird expandieren. Freizeitgestaltung wird wichtiger werden. Altenbetreuung wird in einer überalternden Gesellschaft gefragt sein. Mehr zur Verfügung stehende Zeit bei jungen Leuten wird auf einen steigenden Bedarf an Betreuung für ältere Menschen treffen.

Arbeit wird nicht so wichtig genommen werden wie emotionale Bindung. Menschliches kommt vor Sachlichem. Das ist weiblich (Pease & Pease, 2000).

In einer von Frauen geprägten Welt wird darauf geachtet werden, dass alle sich wohlfühlen. Wenn die Stimmung in Ordnung ist, erledigt sich der Rest fast wie von selbst.

Die Pflege der Gemeinschaft erfordert auch, über die Dinge zu reden. Was oft beklagt wird und von Stephen Hawking geradezu als gefährlich angesehen wird (Clark, 2015), dass Wissenschaft im Elfenbeinturm stattfindet, dass sie nicht genügend mit der Gesellschaft abgestimmt wird, würde entfallen. Der geistige Abstand zwischen Wissenschaftlern und dem Rest der Gesellschaft wird sich verringern. Es wird zur Wissenschaft dazugehören, sich verständlich zu machen, und es wird bei der Allgemeinheit dazugehören, sich für die Ergebnisse der Wissenschaft zu interessieren.

Fürsorge für die Menschen wird durch Fürsorge für die Natur ergänzt. Statt die Natur auszubeuten, wird man sie verehren. Artenschutz, ökologische Nachhaltigkeit, Klimakonferenzen sind ein Anfang. Das Bedürfnis wird zunehmen, die Umwelt zu schonen, die Welt zu genießen, ihre Schönheit zu würdigen, sich der Blumen zu freuen, ohne sie zu pflücken.

Von der Gigantomanie werden wir uns verabschieden. Der Wettlauf um die höchsten Türme, PS-starke Sportwagen und protzige Prunkkarossen: alles überflüssig – Statussymbole einer männlichen Welt. Sie sind teuer in der Herstellung und belasten die Umwelt.

Nicht ganz so klar ist die Situation bei den nicht minder umweltbelastenden Flugzeugen. Globaler Kontakt ist wichtig in einer weiblichen Welt, aber der Mechanismus ist ein anderer als bei Männern. Frauen arbeiten in Grüppchen, haben Kontakt zu Nachbarn. Die kennen andere, die wieder andere kennen ... So entstehen weltweite Netzwerke. Frauen können so etwas. Sie sind über ihre Gemeinschaft informiert, ohne physischen Kontakt zu allen Mitgliedern halten zu müssen. Ihre Stärke ist die dezentrale Organisation. Männer haben das Bedürfnis, solche Ketten kurzzuschließen, die Dinge selbst anzupacken. Dafür brauchen sie Flugzeuge. In einer weiblichen Welt könnten die Dinge anders laufen.

Bescheidenheit wird kultiviert und gewürdigt werden. Die Eroberung des Weltraums, von Hawking als zukünftige Aufgabe der Menschheit gesehen (Clark, 2015), wird nur noch in bescheidenem Rahmen verfolgt werden. Expansionsgelüste einer raumfahrenden Menschheit gehören ins Reich der Science Fiction, jener der muttersohngeprägten Art. Auf das „galaktische Imperium der Terraner" braucht keiner zu warten. Es wird nicht kommen. Die Menschheit wird lernen, mit dem zufrieden zu sein, was sie hat. Raumfahrt kann betrieben werden, soweit sie aus wissenschaftlichen Gründen wünschenswert ist. In ganz ferner Zukunft (in den nächsten Milliarden Jahren) wird Raumfahrt allerdings unumgänglich werden, wenn die Sonne heißer wird und sich zum roten Riesen ausdehnt. Dann wird sich die Menschheit, wenn es sie noch gibt, ins äußere Planetensystem zurückziehen müssen. Da geht es dann aber ums Überleben – es handelt sich um eine Flucht, nicht um Expansion.

In der Wissenschaft werden holistische Ansätze die deduktive Vorgehensweise ersetzen. Ganzheitliche Vorgehensweisen werden sich verbreiten, nicht nur in der Medizin. Immer mehr Menschen interessieren sich für spirituelle oder mystische Inhalte, vielfach belächelt, aber von ihrer Sache überzeugt. Zusammenhänge werden erspürt, die rational nicht zugänglich sind. Gemeinschaftlich durchgeführte Rituale können psychosomatische Effekte hervorrufen. Selbst Wunderheiler(innen) haben Konjunktur. Sie befriedigen eine steigende Nachfrage nach menschlicher Überzeugungskraft an einer Stelle, wo Wissenschaft nicht weiterkommt und bedienen ein Bedürfnis, Vertrauen zu schenken. Vertrauen zu schenken ist eine weibliche Stärke. Es ist übrigens eine reziproke Eigenschaft. Frauen vertrauen nicht nur leichter als Männer, man vertraut auch ihnen mehr als Männern (Bierhof & Buck, 1997). Sie werden eine Atmosphäre des Vertrauens schaffen.

Die Geschlechter werden besser miteinander harmonieren. Beide Geschlechter werden mit ihrer Rolle in der Gesellschaft zufrieden sein. Die Frauen haben schon Konzepte für das künftige Zusammenleben vorbereitet. Man spricht von „Gender-Mainstreaming". Der Begriff, von Weltfrauenkonferenzen eingeführt, beschreibt eine Entwicklung mit dem Ziel, dass die Lebenssituationen beider Geschlechter respektiert, angemessen berücksichtigt und ihre Interessen gefördert werden (Meuser & Neusüß, 2004).

Jede einzelne Frau wird sich verwirklichen können. Das Spektrum weiblicher Stärken reicht von kulturellen Höchstleistungen bis zur Hausfrauentätigkeit. Ja, auch Hausfrauenarbeit kann ein Weg sein, sich einzubringen, wenn sie richtig gewürdigt wird. Frauen leisten in diesem Bereich Großartiges. Sie sehen einfach, was zu tun ist und tun es. Sie bewältigen die vielen kleinen Schritte, die den Laden am Laufen halten, ohne dass es auffiele. Frauen haben in der Hinsicht eine Stärke – warum sollten sie das aufgeben, wenn es gewürdigt wird? Es wird gewürdigt werden. Die Tätigkeit einer Hausfrau wird das gleiche Prestige wie die einer Professorin haben.

Was auch immer die Frau tut – ob es eine freie Entscheidung aus Liebe für die Hausfrauentätigkeit oder eine Entscheidung aus Neigung für eine andere Tätigkeit ist: Sie wird individuell von jeder einzelnen Frau getroffen werden. Ob sie ihre Rolle als Hausfrau spielt (Hermann, 2006) oder ob sie das für falsch hält (Schwarzer, 2006), es sollte ihre Entscheidung sein.

Früher hätte ein Einwand lauten können, dass viele Frauen schon zu sehr von der männlichen Gesellschaft beeinflusst worden seien, als dass sie überhaupt noch frei entscheiden könnten. Die heutige Antwort darauf: Die Zukunft, von der die Rede ist, zeichnet sich gerade dadurch aus, dass sie weiblich geprägt sein wird; keine Frau wird mehr männlich beeinflusst sein, alle Frauen werden selbstbestimmt leben und ihre Entscheidungen in ihrem eigenen Interesse treffen können.

Schlusswort

Es geht nicht um ein Programm zur Konstruktion einer weiblichen Welt. Man muss sie nicht konstruieren, sie entsteht von selbst. Der Prozess ist im Gange. Keine wie auch immer geartete Ideologie liegt dem Wandel zugrunde. Man muss einfach nur abwarten und genau das tut eine weiblich werdende Menschheit. Compliance ist eine weibliche Tugend. Alles geht seinen Gang, ganz gleich, ob die Individuen wollen oder nicht – das Kollektiv entwickelt sich. Die Ursachen liegen in der Psychologie des Kollektivs der Menschheit. Die Menschheit wandelt sich spontan vom Abbild eines Muttersohnes zu dem einer Muttertochter. Eine Alternative gibt es nicht. Es ist der einzige Weg, wenn die Selbstzerstörung der Menschheit vermieden werden soll, und die Natur hat ihn für uns gewählt.

Eine weibliche Menschheit wird als Kollektiv durch weibliche Ideale gekennzeichnet. Die einzelnen Individuen, die Frauen und Männer, müssen sich nicht weiblich verhalten; Männer dürfen sich weiterhin männlich verhalten (auch Frauen, wenn sie das wünschen). Im Gegensatz zur männlichen Gesellschaft der Vergangenheit, in der die Frauen unterdrückt wurden, können sich die Männer in der weiblichen Menschheit frei entfalten. Es liegt durchaus im Bereich des Möglichen, dass der Wandel zur weiblichen Welt an entscheidenden Stellen sogar durch

Muttersöhne in Gang gebracht wird. Sie haben sich oft als die großen Initiatoren erwiesen, sie erfüllen das Schicksal. Der Muttersohn ist nicht per se schlecht. Muttersöhne werden auch in Zukunft nützlich sein. Nur werden sie nicht mehr das Ideal verkörpern. Das Kollektiv wird nicht mehr muttersohnähnlich sein.

Was nützen die Erkenntnisse über die weiblich werdende Welt?

Sie schärfen den Blick für das, was um uns herum jeden Tag passiert, den Blick für die Entwicklung der Menschheit. Wer eine Situation versteht, kommt besser mit ihr zurecht, kann sich mit einem wissenden Lächeln auf den Lippen zurücklehnen. Alle werden am Ende von der Entwicklung profitieren. Durch die neuen Selektionskriterien werden die Menschen der Zukunft sich durch guten Charakter auszeichnen. Die Selbstzerstörung der Menschheit fällt aus, die Menschen werden glücklicher sein und die Lebenserwartung wird steigen. Die Menschheit ist auf einem guten Weg.

Literaturverzeichnis

Astheimer, S. (2016). Im Gespräch: Klaus Watzka, BWL-Professor an der Universität Jena "Die meisten Arbeitszeugnisse sind wertlos". *F.A.Z. Frankfurter Allgemeine Zeitung vom 30.04. / Seitenüberschrift: Beruf und Chance Ressort: Beruf*, Seite OC1.

Axelrod, R. (2009). *Die Evolution der Kooperation. 7. Auflage.* München: Oldenbourg.

Bailey, J. M., & Zucker, K. J. (1995). Childhood sex-typed behavior and sexual orientation: A conceptual analysis and quantitative review. *Developmental Psychology 31*, S. 43-55.

Bardi, U. (2011). *The Limits to Growth Revisited.* Berlin / New York: Springer.

Baron-Cohen, S. (2004). *Vom ersten Tag an anders.* Ostfildern: Patmos.

Baumeister, R. F., Catanese, K. R., & Vohs, K. D. (2001). Is There a Gender Difference in Strength of Sex Drive? Theoretical Views, Conceptual Distinctions, and a Review of Relevant Evidence. *Personality and Social Psychology Review 5*, S. 242-273.

Becker-Huberti, M. (1998). *Feiern – Feste – Jahreszeiten. Lebendige Bräuche im ganzen Jahr.* Freiburg im Breisgau: Herder.

Bell, D. (1973). *The Coming of Post-Industrial Society. A Venture in Social Forecasting.* New York: Basic Books.

Benedikt XVI. (2008). Adam und Christus: Von der Erbsünde zur Freiheit. *Generalaudienz vom 3. Dezenber 2008.* Vatikan.

Beyer, R. (1996). *Die andere Offenbarung. Mystikerinnen des Abendlandes.* Wiesbaden: Fourier.

Bierhof, H., & Buck, M. (1997). Wer vertraut wem? Soziodemographische Merkmale des Vertrauens. In M. Schweer, *Vertrauen und soziales Handeln. Facetten eines alltäglichen Problems.* (S. 99-114). Neuwied: Luchterhand.

Bischof-Köhler, D. (2011). *Von Natur aus anders. Die Psychologie der Geschlechtsunterschiede, 4. Auflage.* Stuttgart: Kohlhammer.

Böing, S. (2009). *Grundlagen zur Geschlechts- und Genderproblematik in Unternehmen.* Lohmar - Köln: Josef Eul Verlag.

Bommer, J. (2013). *«Mein Weg zu einem menschenfreundlichen Gott»: Ein Gespräch mit Anton Ladner.* Zürich: Theologischer Verlag.

Brizendine, L. (2008). *Das weibliche Gehirn: Warum Frauen anders sind als Männer.* München: Goldmann.

Brizendine, L. (2011). *Das männliche Gehirn. Warum Männer anders sind als Frauen.* München: Goldmann.

Bundesministerium für Familie, S. F. (2011). *Neue Wege – Gleiche Chancen: Gleichstellung von Frauen und Männern im Lebensverlauf. Erster Gleichstellungsbericht.* Berlin: Deutscher Bundestag.

Buss, D. M., & Schmitt, D. P. (1993). Sexual Strategies Theory: An evolutionary perspective on human mating. *Psycholical Review, vol. 100*, S. 204-232.

Butler, J. (1991). *Das Unbehagen der Geschlechter.* Frankfurt am Main: Suhrkamp.

Clark, N. (2015). Stephen Hawking: Aggression could destroy us. *The Independent*, Ausg. v. 19. Feb.

Davison, G. C., Neale, J. M., & Hautzinger, M. (2002). *Klinische Psychologie.* Weinheim: Belz.

DRV. (2015). *Rentenversicherung in Zeitreihen, 21. Auflage.* Deutsche Rentenversicherung Bund, S.110.

Etcoff, N. (2000). *Survival of the prettiest: the science of beauty.* New York: Anchor Books.

Evatt, C., & Zybak, M. (2005). *Männer sind vom Mars, Frauen von der Venus: Tausend und ein kleiner Unterschied zwischen den Geschlechtern.* München: Piper.

Feyerabend, P. (1963). How to be a Good Empiricist. In B. Baumrin, *Philosophy of Science. The Delaware Seminar. Band 2* (S. 61-78). New York: Wiley.

Fischer, A. (2008). *FRAUEN - Eine Bedienungsanleitung, die selbst Männer verstehen.* Hannover: humboldt.

Fowid. (2014). *Religionszugehörigkeit, Deutschland Bevölkerung 2010-2013.* Forschungsgruppe Weltanschauungen in Deutschland.

Frerichs, P. (1997). *Klasse und Geschlecht, Bd. 1. Arbeit. Macht. Anerkennung. Interessen. (Schriftenreihe Sozialstrukturanalyse; Bd. 10).* Opladen: Leske + Budrich.

Freud, S. (1930). *Das Unbehagen in der Kultur.* Wien: Internationaler Psychoanalytischer Verlag.

Freud, S. (2000). *Über die weibliche Sexualität (1931). In: Studienausgabe, Bd. V.*. Frankfurt / Main: Suhrkamp.

Fromm, E. (1979). *Sigmund Freuds Psychoanalyse – Größe und Grenzen.* Stuttgart: Deutsche Verlags-Anstalt.

Fromm, E. (2005). *Die Kunst des Liebens. Erstauflage 1956.* Berlin: Ullstein.

Funken, C. (2016). *Sheconomy. Warum die Zukunft der Arbeitswelt weiblich ist.* München: C. Bertelsmann.

GfdS. (2016). GfdS wählt "postfaktisch" zum Wort des Jahres 2013. *Pressemitteilung der GfdS vom 9. Dez.*

Gray, J. (1992). *Männer sind anders. Frauen auch. Männer sind vom Mars. Frauen von der Venus.* München: Goldmann.

Habermas, J. (2011). *Theorie des kommunikativen Handelns, 8. Aufl.* Frankfurt am Main: Suhrkamp.

Henry-Huthmacher, C., & Hoffmann, E. (2016). *Ausbildungsreife & Studierfähigkeit.* Sankt Augustin/Berlin: Konrad-Adenauer-Stiftung e.V.

Hermann, E. (2006). *Das Eva-Prinzip. Für eine neue Weiblichkeit.* Starnberg: Pendo.

Hyde, J. S. (September 2005). The Gender Similarities Hypothesis. *American Psychologist, vol. 60*, S. 581.

Ingarhalikar, M., Smith, A., Parker, D., Satterthwaite, T. D., Elliot, M. A., Ruparel, K., . . . Verma, R. (14. Januar 2014). Sex differences in the structural connectome of the human brain. *Proceedings of the National Academy of Sciences of the United States of America, vol. 111*, S. 823-828.

Inglehart, R. (1977). *The Silent Revolution. Changing Values and Political Styles Among Western Publics.* Princeton: Princeton University Press.

Inglehart, R. (1995). *Kultureller Umbruch. Wertewandel in der westlichen Welt.* Frankfurt: Campus.

Jay, M. (2012). *The Virtues of Mendacity: On Lying in Politics.* Charlottesville: University of Virginia Press.

Jung, C. G. (1913). *Versuch einer Darstellung der Analytischen Psychologie. In: Jahrbuch für psychoanalytische und psychopathologische Forschungen, V. Band.* Leipzig / Wien: Franz Deuticke.

Jung, C. G. (2011). *Die Archetypen und das kollektive Unbewusste (Gesammelte Werke 9/1)*. Ostfildern: Patmos.

Kishon, E. (1989). Unter zwei Augen. In *Total verkabelt. Satirisches um Presse, Funk und Fernsehen,* (S. 219-222). München/Wien: Langen-Müller Verlag.

Korte, K.-R. (2015). *Emotionen und Politik. Begründungen, Konzeptionen und Praxisfelder einer politikwissenschaftlichen Emotionsforschung.* Baden-Baden: Nomos.

Kuhn, T. S. (1976). *Die Struktur wissenschaftlicher Revolutionen, 2. Aufl.* Frankfurt am Main: Suhrkamp.

Lendrem, B. A., Lendrem, D. W., Gray, A., & Isaacs, J. D. (10. Dez. 2014). The Darwin Awards: sex differences in idiotic behaviour. *British Medical Journal*, S. 349.

Lenin, W. I. (1981). Was tun? In *Werke* (S. 107 f.). Berlin (DDR): Dietz-Verlag.

Liegener, C.-M. (1994). Die Stellung der Chemie zur Physik – Symptome des Reduktionismus. In P. Janich, *Philosophische Perspektiven der Chemie* (S. 95-100). Mannheim: Bibliographisches Institut.

Liegener, C.-M. (2015a). *Erbsünde und Erbschuld – Vom Ursprung unseres existenziellen Schuldbewusstseins.* Hamburg: tredition.

Liegener, C.-M. (2015b). *Esau und der Hass Gottes. Von der Bibel zum Esau-Effekt.* Hamburg: tredition.

Liegener, C.-M. (2016a). *Wie wurde Jesus Gottes Sohn? Muttersöhne in der Bibel.* Essen: Die Blaue Eule.

Liegener, C.-M. (2016b). *Der Muttersohn im Mythos.* Hamburg: tredition.

Liegener, C.-M., & Del Re, G. (1987a). Chemistry vs. physics, the reduction myth, and the unity of science. *Zeitschrift für allgemeine Wissenschaftstheorie, vol. 19*, S. 165-174.

Liegener, C.-M., & Del Re, G. (1987b). The relation of chemistry to other fields of science: atomism, reductionism, and inversion of reduction. *Epistemiologia, vol. 10*, S. 269-284.

Lloyd, E. (2005). *The Case of the Female Orgasm: Bias in the Science of Evolution.* Cambridge, Massachusetts: Harvard University Press.

Lütz, M. (2014). Der kleine Unterschied zwischen Männern und Frauen. *Thüringer Allgemeine*, 30. Aug.

Luy, M. (2002). Warum Frauen länger leben. Erkenntnisse aus einem Vergleich von Kloster- und Allgemeinbevölkerung. In *Materialien zur Bevölkerungswissenschaft, Nr. 106.* Wiesbaden: Bundesinstitut für Bevölkerungsforschung.

Lyotard, J.-F. (2012). *Das postmoderne Wissen, Hg. P. Engelmann, 7. Auflage.* Wien: Passagen.

Masson, R. (2003). *Anekdoten um berühmte Menschen.* Klagenfurt: Neuer Kaiser Verlag.

Mehl, M. R., Vazire, S., Ramírez-Esparza, N., Slatcher, R. B., & Pennebaker, J. W. (2007). Are women really more talkative than men?. *Science 317*, S. 82.

Meuser, M., & Neusüß, C. (2004). *Gender Mainstreaming. Konzepte – Handlungsfelder – Instrumente.* Bonn: Bundeszentrale für politische Bildung.

Mika, B. (2011). *Die Feigheit der Frauen: Rollenfallen und Geiselmentalität. Eine Streitschrift wider den Selbstbetrug.* München: C. Bertelsmann.

Munzinger, P., & Brunner, K. (2016). Der AfD-Wähler ist männlich und ungebildet? So einfach ist es nicht. *Süddeutsche Zeitung SZ.de, 4. Sept.*

Nelson, E., Rolian, C., Cashmore, L., & Shultz, S. (22. 5 2011). Digit ratios predict polygyny in early apes, Ardipithecus, Neanderthals and early modern humans but not in Australopithecus. *Proceedings of the Royal Society of London B: Biological Sciences, vol. 278*, S. 1556-1563.

Orr, D. (1994). *Earth in Mind: On Education, Environment, and the Human Prospect.* Washington: Island Press.

Pease, A., & Pease, B. (2000). *Warum Männer nicht zuhören und Frauen schlecht einparken: Ganz natürliche Erklärungen für eigentlich unerklärliche Schwächen.* Berlin: Ullstein.

Pease, A., & Pease, B. (2002). *Warum Männer lügen und Frauen immer Schuhe kaufen.* Berlin: Ullstein.

Pease, A., & Pease, B. (2011). *Warum Männer immer Sex wollen und Frauen von der Liebe träumen.* Berlin: Ullstein.

Pease, A., & Pease, B. (2012). *Warum Männer sich Socken wünschen und Frauen alles umtauschen: Der Survival-Guide für Weihnachten.* Berlin: Ullstein.

Pilgrim, V. E. (1986). *Muttersöhne.* Düsseldorf: claassen.

Pilgrim, V. E. (1993). *Vatersöhne.* Reinbeck: Rowohlt.

Pilgrim, V. E. (1993). *Vatersöhne.* Reinbek: Rowohlt.

Primas, H. (1981). *Chemistry, Quantum Mechanics and Reductionism.* Berlin, Heidelberg, New York: Springer.

Rapouch, O. (abgerufen 20.11.2016). Zeit für Gehirnpause. *http://www.maennernews.info/php/geschlechtsspezifisches_verhalten,2729,24832.html*.

Robinson, M. (2016). Secondary school bans pupils from raising hands in class because it 'doesn't challenge and support the learning of all'. *MailOnline, Part of Daily Mail, 30. Nov.*

Rosin, H. (2012). *Das Ende der Männer und der Aufstieg der Frauen.* Berlin: Berlin-Verlag.

Sadigh, P. (2015). Die Welt wird weiblicher. *Zeit online,* 13. Oktober.

Schlegel, F. (1799). *Lucinde (Nachdruck 1985), Kapitel 13.* Frankfurt/Main: Insel-Verlag.

Schlicht, C. (2010). *Genderstudies in den Geisteswissenschaften: Beiträge aus den Literatur-, Film- und Sprachwissenschaften.* Duisburg: Universitätsverlag Rhein-Ruhr.

Schulz, J. (2015). *Der weibliche Erfolgspfad.* Sulzbach (Taunus): Ulrike-Helmer-Verlag.

Schwarz, G. (2007). *Die "Heilige Ordnung" der Männer: Hierarchie, Gruppendynamik und die neue Rolle der Frauen, 5.Auflage.* Wiesbaden: VS Verlag für Sozialwissenschaften.

Schwarzer, A. (2006). Satire oder Stimme aus der Steinzeit? *Emma, 27. April.*

Schwentker, B. (19. März 2014). Pillenknick? Kannst du knicken! *Spiegel Online,* 19.März.

Shorter, E. (1990). *Die Geburt der modernen Familie.* Reinbek: Rowohlt.

Sieck, A. (2011). *Mystikerinnen: Biographien visionärer Frauen.* Ostfildern: Jan Thorbecke.

Sieverding, M. (2003). Frauen unterschätzen sich: Selbstbeurteilungs-Biases in einer simulierten Bewerbungssituation. *Zeitschrift für Sozialpsychologie 34*, S. 147-160.

Spalek, K., Fastenrath, M., Ackermann, S., Auschra, B., Coynel, D., Frey, J., . . . Milnik, A. (2015). Sex-Dependent Dissociation between Emotional Appraisal and Memory: A Large-Scale Behavioral and fMRI Study. *Journal of Neuroscience 21*, S. 920-935.

Steffens, M. C., & Ebert, I. D. (2016). *Frauen- Männer - Karrieren. Ein sozialpsychologische Perspektive auf Frauen in männlich geprägten Arbeitskontexten.* Berlin: Springer.

Stendhal. (1977). *Über die Liebe. Aus dem Französischen und mit einer Einführung von Walter Hoyer.* Frankfurt/Main: Insel.

Touraine, A. (1972). *Die postindustrielle Gesellschaft.* Frankfurt am Main: Suhrkamp.

Trivers, R. L. (1972). Parental Investment and Sexual Selection. In B. G. Campbell, *Sexual Selection and the Descent of Man. 1871-1971.* (S. 136-179). London: Heinemann.

United Nations. (2015). *World Population Prospects: The 2015 Revision.* Department of Economis and Social Affairs.

van Eijk, N. (2000). *Außerirdische im amerikanischen Sciencefiction-Film. Von der Invasion zur Integration.* Mainz: Dissertation.

Vanderborght, Y., & Van Parijs, P. (2005). *Ein Grundeinkommen für alle? Geschichte und Zukunft eines radikalen Vorschlags.* Frankfurt: Campus.

Wilder, J., Mobasher, Z., & Hammer, M. (Juli 2004). Genetic Evidence for Unequal Effective Population Sizes of Human Females and Males. *Molecular Biology and Evolution. 21,* S. 2047-2057.

Winter, S. (2013). Die schöne neue Welt der scheinbar zwanglosen Geschlechtsidentitäten 4/2012-1/2013. *Psychologie und Gesellschaftskritik.*

Christoph-Maria Liegener

Geboren 1954 in Berlin. Lebt heute in Bubenreuth bei Erlangen. Physiker. Viele Jahre Wissenschaftler an verschiedenen Universitäten, promoviert, habilitiert. Zahlreiche Artikel in Fachzeitschriften. Familie, zwei Söhne. Nun im Ruhestand. Seitdem lyrische und philosophische Texte.